本当は怖い日本の聖地

古代ミステリー研究会 編

彩図社

はじめに

神社仏閣めぐりは、趣味としてすっかり定着した感がある。ご朱印を集めたり、ご利益を求めたり、仏像を鑑賞したりとその目的はさまざまだが、近年は特に、神社やお寺に秘められたパワーを感じ取りたいという参拝者が増えている。テレビやインターネット、雑誌の特集でも神社仏閣は聖地として取り上げられ、特別な力を得られるパワースポットとして紹介されるようになった。

そうした宣伝効果もあって、有名な聖地には観光客がごった返しているが、聖地の多くは本来、世俗の世界からは距離を置く、神聖な空間ばかりだった。人智を超える何ものかが降臨したといわれる場所もあれば、不可思議な現象が頻繁に起きた場所、恨みを抱いてこの世を去った霊魂を慰める場所などもあり、いずれも人々から畏敬《いけい》の念をもってあがめられていた。

そして中には、清らかで厳《おごそ》かなだけではなく、恐ろしい背景を持つ聖地もある。呪いやたたり、怨念《おんねん》といった禍々《まがまが》しい伝説が残っていたり、いまだ明らかにされていない謎に満ちていたりするのである。

たとえば、日本人なら誰もが知る伊勢神宮では、かつて内宮《ないくう》と外宮《げくう》の仲が険悪で、武力衝突に発展する騒動が起きていた。東京の大手町《おおてまち》にある首塚は欧米の軍隊への呪いの噂がささやかれ、対馬《つしま》の聖地は転んだだけで命を落とすという伝承まである。

本書はそんな、聖地にまつわる怖いエピソードを集めた一冊だ。

第一章では、伊勢神宮や高野山などの日本を代表する聖地に残る謎や、アイヌや沖縄、沖ノ島など、独自の文化を守ってきた地の信仰・風習について紹介している。

第二章は「あの世」を切り口に、死の世界と密接な関係のある聖地や伝説を解説。出雲大社や恐山《おそれざん》、立山《たてやま》、出羽三山《でわさんざん》など、地獄にまつわる聖地を中心にまとめた。

第三章は呪いをテーマにした章で、法隆寺や江戸城といったメジャーな場所だけでなく、地方に伝わる伝承も紹介していく。

さらに第四章では京都の鞍馬山《くらまやま》、群馬県の三夜沢赤城《みよさわあかぎ》神社、宮城県の御釜《おかま》神社などに起きるとされる怪異現象を、第五章では残酷な、もしくは恐ろしい歴史的事件の舞台になったスポットを紹介している。

本書を通じて聖地の裏側を知ることが、より厳粛な気持ちで聖地を訪ねるきっかけとなればありがたく思う。

本当は怖い　日本の聖地

目次

第一章　聖地に残る怖い信仰

第二章　聖地とあの世の奇怪な関係

第三章　言ってはいけない聖地の呪い

第四章　聖地に伝わる怪異伝説

第五章　聖地で起きた歴史的事件

第一章 聖地に残る怖い信仰

本当は怖い日本の聖地

01 伊勢神宮に隠された謎の紋様と争いの歴史

▼皇祖神を祀る聖地

日本で最大級の聖地といえば、**伊勢神宮**《いせじんぐう》は外せない。三重県伊勢市の伊勢神宮は天照大神《あまてらすおおみかみ》を祀る「内宮《ないくう》」と、その食事を世話する豊受大御神《とようけおおみかみ》を祭神とする「外宮《げくう》」で構成され、その近辺には別宮《べつぐう》や摂社《せっしゃ》を含めた125社が点在するという巨大な神社だ。この天照大神が皇室の祖先とされる皇祖神《こうそしん》であり、古代では庶民の祈願が許されないほどの聖地として扱われていた。

そんな伊勢神宮の起源については、実のところよくわかっていない。「記紀《きき》」（『古事記《こじき》』と『日本書紀』）には、三種の神器《じんぎ》の一つ八咫鏡《やたのかがみ》の安置所が伊勢神宮になったとあるが、それを裏付ける証拠はない。東西対立の重要拠点だったからとする仮説もあるが、**創建理由は今も不明のままだ。**

伊勢神宮の内宮入り口にある鳥居

同様に、式年遷宮《しきねんせんぐう》がなぜ始まったかもわかっていない。伊勢神宮といえば社殿などを20年ごとに造り変える式年遷宮を行うことで知られ、２０１３年度の儀式も全国規模のニュースになっている。最初に実施したのは持統《じとう》天皇だというが、彼女がなぜ行ったかも不明だ。

有力なのは、社殿が藁葺《わらぶ》き屋根の簡素な構造であることから、「神社を清潔に保つため」とする説。ただ、他にも「天皇交代による権力新生の視覚化」「職人間の建築技術継承」などの説はあるが、やはり詳しい理由は不明のままである。主祭神の天照大神にも謎は多く、かつては男神だったとする説もあれば、なぜ皇祖神になったかもあいまいだ。**高い知名度とは裏腹に、多数の謎が残されているのが、伊勢神宮の特徴**なのである。

▼ダビデ灯篭の真相

そのような謎の多さから、伊勢神宮はたびたびオカルト論にも巻き込まれる。オカルト界隈には「日ユ同祖論」という仮説がある。日本人とユダヤ人の祖先は同じと唱える説で、根拠の一つとされていたのが伊勢神宮の灯籠《とうろう》だ。

内宮と外宮をつなぐ参道には両脇に多数の石灯籠《いしどうろう》が並んでいたのだが、問題はそれらに彫られた紋章である。上部に皇室が使う「菊御紋《きくのごもん》」が彫られているのに対して、下部にあるのは「六芒星《ろくぼうせい》」だった。ユダヤ人の象徴であるダビデ王の星と酷似していて、それを刻んだ石灯籠が参道に540基も立っていたのである。このことから、**伊勢神宮とユダヤ勢力の関係性が一部で疑われるようになり、ひいては神社を創建したのはユダヤ人**だった**と囁かれることもあった**という。

さて、種明かしをすれば**これらの疑惑は真っ赤な嘘**である。六芒星付きの石灯籠があったのは事実だが、それらの設置は1955年と比較的新しく、寄贈したのも「伊勢三宮奉賛献灯会」という地元団体だった。伊勢神宮の歴史とは何ら関係もなく、日ユ同祖論の根拠にはならない。しかもこの団体はすでに解散しており、石灯籠もすべて撤去されている。なぜ六芒星を刻んだかはいまだに謎だが、それが解き明かされることはもうないだろう。

▼内宮と外宮の戦争

伊勢神宮には血生臭い歴史も隠されている。現在でこそ内宮と外宮の関係は良好ではあるが、戦国時代は経済格差などを理由に対立し合っていた。その対立は周辺地域にも波及して、ついには戦

江戸時代に描かれた伊勢神宮参詣の錦絵（「伊勢参宮略図」部分／国会図書館所蔵）

争へと発展したのだ。

伊勢神宮の周辺は参拝客の多大な利益で潤い、特に内宮の門前町である宇治と外宮の門前町の山田は「宇《う》治六郷《じろくごう》」と「山田三方《ようださんぽう》」という自治体を持つほど発展していた。神宮内の対立はそのまま自治体の対立にもつながり、ついには山田三方による参道封鎖を契機に武力衝突が起きていた。

15世紀末に起きたこの戦いは、戦国大名・北畠《きたばたけ》氏の協力で宇治側が優勢に立ったが、**戦火は神宮の境内にまで広がり、外宮の正殿が焼失**。戦いは宇治側の勝利に終わったが、神宮を戦いに巻き込んだ責任を取って内宮の神職が自殺している。それがこたえたのか、以後も宇治と山田の争いはたびたび起こっているが、伊勢神宮を巻き込むことは二度となかった。

こうした対立は遠い過去のものであるが、神聖な神宮すら争いの火種となるところに、人の業《ごう》が見て取れる。

本当は怖い日本の聖地

02 強力なたたりが恐れられた三輪山に封じられた大物主神

▼古代の雰囲気を残した最古の神社

多くの神社は、ご神体を祀る本殿と参拝用の拝殿で構成されている。だが、本殿を持たない古い信仰形態を残した神社も少なくない。その一つが、奈良県桜井市の**三輪山《みわやま》を拝む大神神社《おおみわじんじゃ》**だ。

大神神社のご神体である三輪山は、神々が鎮座する「神奈備山《かんなびやま》」としてヤマト王権も特別視してきた場所である。山中には古代に造られたと思しき磐座《いわくら》や遺物が多数残っており、現在でも古い信仰を守っている。

たとえば、誰でも自由に山に入れるわけではなく、摂社の狭井《さい》神社で申請をして、許可証である白たすきを受け取る必要がある。許可が下りても山中での飲食や喫煙は一切禁止で、午後4時まで

大物主神を祀る三輪山（A photographer/CC BY-SA 4.0）

に必ず下山しなければならない。もちろん、神聖な山での撮影は厳禁で、山中の出来事は他言無用である。

三輪山がいかに神聖な場所であるかが窺える掟だが、**実は三輪山の神には神聖な性質だけでなく、恐るべき性質も隠されている。**

大神神社の主祭神である**大物主神《おおものぬしのかみ》**は、日本神話で大《おお》国主命《くにぬしのみこと》や皇室の国づくりを助ける重要な神である。

『古事記』によると、国津神《くにつかみ》（地上で生まれた神々）の主・大国主が相棒の少彦名神《すくなびこなのかみ》に去られて困り果てたとき、海から光り輝く神が現れた。国づくりに協力する見返りとして、自分を祀るように告げたその神こそが大物主神で、『日本書紀』では大国主と同一とされている。

このとき祀る場所に指定されたのが御諸山《みもろのやま》（現在の三輪山）だったと伝えられている。また、神武天皇の皇后も大物主神の娘とされるように、大物主神は皇室とのつながりが強く、そのために三輪山が神聖視されたとも考えられる。

　ただ、大物主神は単なる国づくりの立役者ではない。**国一つを滅ぼしかけた疫病神でもある**のだ。

▼封印されたたたり神

「記紀」には、こんなエピソードが載せられている。崇神《すじん》天皇の時代に国中が疫病に襲われたことがあった。国が滅びかねないほどの大流行に天皇が困り果てたとき、夢に大物主神が現れた。「これは私の心（仕業）である」と告げた大物主神は、子孫である意富多多泥子《おおたたねこ》に自分を祀らせれば国が鎮まると言った。天皇がこれに従い意富多多泥子を三輪山の神主としたところ、本当に疫病が消え去った。大物主神は自分の子孫を神主にするために国を滅ぼしかけたことになる。『日本書紀』には、さらなるたたりのエピソードが残っている。

　孝霊《こうれい》天皇の時代、大物主神と結婚した皇女が夫の櫛箱《くしばこ》を開けたとき、小さな蛇が入っていた。それは大物主神の本体だったが、悲鳴を上げた皇女に侮辱されたと感じて三輪山に帰ってしまう。そして神を辱めた皇女は、櫛が体に刺さって命を落としたのだった。

　日本の神々は善神と悪神の二面性があり、ご利益が強ければ強いほど、たたりも強力になる。国津神の頂点に位置する大物主神は、その力を非常に畏れられたというわけだ。

　これら以外にも、大物主神によるたたりが、「外様《とざま》の有力神への畏れ」に由来すると考える説もある。

大神神社二の鳥居前。鳥居を抜けると三輪山を拝む拝殿が見えてくる

大物主神は、ヤマト王権の有力豪族・三輪氏の氏神だったと推測されている。古代の近畿地方には有力豪族の連合体が存在し、まだ天皇家に権力は集中していなかった。味方である豪族が強力であればあるほど、彼らが祀る神の扱いにも気を使うものだ。同じく外様の神だと考えられる大国主命や素戔嗚尊《すさのおのみこと》は、日本神話で重要な役割を担っていることから、大物主神の場合も、三輪山という古来の神聖な山の守護神として置くことで、ヤマト王権は有力豪族の協力を得ようとしていたのかもしれない。

古代の人々は、たたり神だからといって冷遇するのではなく、むしろ敬いの心を忘れずに神に祈りを捧げていた。国を滅ぼしかけたと伝わる三輪山の神であっても、それは変わらない。三輪山のパワーを味方にしたいと思ったときは、真摯《しんし》な気持ちで挑むことが肝心である。

本当は怖い
日本の聖地

03

納骨の風習の名残？高野山の墓石群

▼空海の開山前から聖地だった

2015年に開山1200年を迎えた和歌山県の**高野山**《こうやさん》。弘法大師空海《こうぼうだいしくうかい》が朝廷の許可を得て開いた修験道場《しゅげんどうじょう》で、真言宗の数ある聖地の中でも、特に神聖な場所である。空海が入定《にゅうじょう》した地ということもあり、真言密教《しんごんみっきょう》の影響が大きいが、実は高野山一帯は、**空海の入山前から聖地として敬われていた。**

そもそも高野山を含む紀伊山地は、古くから山岳信仰の聖地だった。7世紀頃からは役小角《えんのおづぬ》が修験道の修行場を開いており、独特の信仰が歴史的に根付いている。特に、800年頃に麓一帯に住んでいた丹生《にう》氏が信仰した**「丹生明神《にうみょうじん》」**は、空海にも多大な影響を与えたとされている。

空海と狩場明神の出会いを描いた絵図。この狩場明神の父である丹生明神から、空海は高野山を譲り受けた（「高野大師行状図絵」国文学研究資料館所蔵）

平安時代中期の『金剛峯寺建立修行縁起《こんごうぶじこんりゅうしゅぎょうえんぎ》』によると、空海が寺院の建立場所を探して高野山を訪れたとき、2匹の犬を連れた狩人と遭遇した。この狩人に導かれて山の中腹にある丹生都比売《にうつひめ》神社に詣《もう》でたところ、空海は丹生明神から山を譲るという神託を受けたという。実は狩人の正体は丹生明神の息子・狩場明神の化身だった。二神が高野山に祀られているのは、このような伝承に基づいている。

空海が丹生氏の神を敬ったのは、水銀利権を得るためだった可能性がある。水銀は猛毒だが、当時は化粧品や薬の原料として貴族に高値で取り引きされていた。そうした鉱山資源と関係が深かったのが山で暮らす修験者であり、空海も水銀の産地を渡り歩いていた。丹生氏は高野山一帯の水銀発掘の利権を握っていたことから、空海がそこに目を付けたとしても、おかしくはない。

▼空海が生きている奥の院

高野山の中心部には真言宗の総本山である金剛峯寺《こんごうぶじ》があるが、高野山にはこの寺を含め、117もの寺院が建ち並んでいる。このうちでもっとも重要な聖地が、**「奥《おく》の院《いん》」**である。奥の院は空海が入定した場所であり、中では空海がまだ生きていると信じられているのだ。

入定とは、仏が現世に降臨するまで、永遠の瞑想に入った状態をいう。空海は死んだのではなく、人々を救うために瞑想状態に入ったというわけだ。体は生きているということになるため、現在でも食事として、1日2回の生身供《しょうじんく》が続けられている。

とはいえ、当然ながら本当に空海が生きているわけではない。空海が入定したという記録は空海の死から130年以上も経たないと確認できないし、それ以前の史料には、「荼毘《だび》に付された＝火葬された」と記録されている（『続日本後紀《しょくにほんこうき》』）。つまり、伝説の可能性が高いのだ。

ではなぜそんな伝説が生まれたかといえば、その頃の高野山は宗派内の主導権争いに敗れて荒廃しており、往年の勢いを失っていた。そのため高野山の趨勢を回復しようと、広報戦略として空海入定伝説をつくり上げた、というのが実態に近いと考えられる。

▼山中納骨の名残

奥の院には、一の橋から御廟橋《ごびょうばし》の間に墓石群が広がっている。戦国大名から古今東西の偉人、太

高野山奥の院にある五輪の塔（朝日新聞社提供）

平洋戦争の慰霊碑など、**その数はなんと20万基を超える**。墓石の増加は鎌倉時代から本格化したといわれ、江戸時代には徳川幕府が歴代将軍の菩提所に認定したことで、全国の諸大名がこぞって墓を建てるようになった。現在残っている墓石も、多くが江戸時代以降の墓である。

墓石群は空海の御廟にあやかったというのが通説だが、古代の山岳信仰と関連付ける説もある。

長い間、日本人は山を異世界だと考えていた。**山は死者の遺骸や遺骨を捨てる非日常的な空間で、山中には死者の霊が宿っていると信じられていた**。山は食物の供給地であると同時に、墓地でもあったわけだ。これを山中納骨といい、この風習が完全に廃れたのは、墓石が普及した明治以降だとされている。

高野山への納骨が定着したのは幕府の政策によると考えるのが妥当だが、その根底には高野山という異界への畏れの念も、あったのかもしれない。

本当は怖い日本の聖地

04 黒又山は世界最大のピラミッド？山の中から見つかった謎の空間

▼和製ピラミッドと呼ばれる山

ピラミッドといえば、エジプトにある巨大な四角錐の構造体のイメージが強いだろう。しかし、中南米にある神殿型ピラミッドなど、ピラミッド自体は世界各地に存在している。四角錐の構造ではなく、階段状で先が尖らない場合でもピラミッドと呼ばれており、むしろ数でいえばこちらの神殿型ピラミッドのほうが多い。

　そんなピラミッドが、なんと日本にも存在している。その一つが、秋田県鹿角市《かづのし》にある**黒又山《くろまたやま》**だ。黒又山は標高２８０メートルほどの比較的小さな山で、「クロマンタ」という呼び名でも親しまれている。

秋田県鹿角市にある黒又山。内部からピラミッドのような階段状の遺物が見つかっている

エジプトや中南米のピラミッドとは違って見た目は完全な山だが、1992年に行われた学術調査で驚くべきことが判明した。レーダーを用いて黒又山を調べたところ、**土の下に階段状の遺物らしきものが確認された**のである。

階段は山全体に確認されており、まさしくピラミッドのような構造になっていたという。さらに頂上付近の地下には、10メートルほどの謎の空間があることもわかっている。

また、山の近辺には石を円状に配置した「大《おお》湯《ゆ》環状《かんじょう》列石《れっせき》」という縄文時代後期の遺跡が発見されていて、それと酷似した石製の遺物が黒又山山頂でも発見されている。使われる川原石も形状や材質がほぼ同じことから、何らかの共通点がある可能性はある。加えて山頂の本宮神社の周辺から土器がたびたび出土していることから、黒又山は**古い時代には祭祀場だった**のではないかとの説もある。学術的にはまだ検証段階だが、この地域でなんらかの儀式が行われていたとしてもおかしくはない。少なくとも、黒又山が特別な場所だったことは確かである。

▼山を改造した巨大祭祀場だった？

ただ、果たして、縄文時代の日本に巨大ピラミッドを造るほどの建造技術があったのだろうか？エジプト最大級のギザのピラミッドですら、創建時の高さは146メートルほどである。黒又山の高さはその倍近くもある。日本にも大仙陵古墳のような巨大建造物はあるが、造営されたのは4世紀から5世紀頃と、時代はかなり下る。

そもそも、先述した調査の結果、**山そのものは自然物であることがわかっている**。縄文人がいちからピラミッドを造った可能性は、これでなくなったわけだ。

ただし、黒又山を自然の山を改造した巨大祭祀場だと考えることは可能だ。どのように改造したのか、山の全容はどうなっているのかなど、調査研究の課題は山積しているが、ロマンのある仮説ではある。オカルトの題材としてもよく取り上げられる黒又山だが、果たして本当は、どのような過去があったのだろうか。

黒又山近くにある大湯環状列石。縄文時代後期の遺跡で、黒又山にもこの場所に関連した遺物が残っている可能性がある（掬茶／CC BY-SA 4.0）

▼ピラミッド疑惑のある山々

日本版ピラミッドと呼ばれるのは、黒又山だけではない。たとえば黒又山の北東にある**小クロマンタ**。特別な調査は行われていないが、黒又山を拝む拝殿だったという説がある。この他、奈良県三輪山近辺の大和三山や、青森県の大石神《おおいしがみ》のような巨石も、ピラミッドの一種とみる向きもある。自然物を流用していることや祭祀を目的としていることが、その共通点だ。広島県庄原市の**葦嶽山**《あしたけやま》に関しては、山全体が神武天皇の陵墓だという奇説まである。

葦嶽山は、日本ピラミッド説をはじめ、数々のオカルト説を提唱した酒井勝軍《かつとき》が調査した山である。巨石群や三角形の綺麗な山体から、酒井はこれを「世界最古のピラミッド」と呼んだ。とはいえ、考古学上の裏付けはなく、そもそも神武天皇は神話上の人物だ。オカルトネタの一つだと考えたほうがいいだろう。

本当は怖い日本の聖地

05

黄金と不老長寿の象徴？修験道の聖地・大峰山

▼修験道の聖地である山々

修験道とは、山岳信仰に仏教の要素が混ざり合った、日本特有の信仰体系である。開祖とされるのは、「鬼神を使役する」「空を飛んだ」など、超人的な伝説をいくつも残した修験者・役小角《えんのおづぬ》だ。奈良時代から平安時代にかけて、役小角への信仰は密教や陰陽道《おんみょうどう》と融合しながら日本中に伝播《でんぱ》した。熊野や出羽といった山々もそうした修験道が盛んな地で、現在も修行地としてあがめられている。これから紹介する奈良県の**大峰山**《おおみねさん》も、修験道の聖地の一つである。

大峰山は、奈良県の吉野と和歌山県の熊野の間に位置する。ここに大峰山脈という山脈が続いており、その北端の山上《さんじょう》ヶ《が》岳《たけ》の別称が大峰山である。役小角本人によって開かれたという伝承があり、

大峰山から望む景色。山中は険しい道が続き、熊のような大型の野生動物も出没する

山頂には大峯山寺《おおみねさんじ》（山上蔵王堂《ざおうどう》）が建っている。明治以前は山脈全体が「大峰」と呼ばれ、現在の大峰山とその一帯は「金峰山《きんぷせん》」といわれていた。

この金峰山という呼び名に関連して、「金《かね》の御嶽《みたけ》」という別称もある。平安時代にはすでに定着していたと考えられる、古い呼び名だ。

大峰の山々と「金」にどのような関連があるのか、はっきりとはわかっていないが、古代の黄金信仰との関与を指摘する説がある。

かつて大峰山には、大量の金が眠っていると信じられていた。周辺の吉野にある金峯山寺《きんぷせんじ》近辺には金鉱の神を祀る金峯《きんぷ》神社が置かれており、信仰を同じくする大峰山との関連を指摘する声もある。実際、大峰の山脈からは貴金属の鉱脈が見つかっているし、大峯山寺の床下からは純金の仏像が2体発見されている。この純金像は、なんと宇多《うだ》天皇によって寄贈されたものだ。

藤原摂関家がたびたび直接参拝していたという記録も残っていることから、朝廷にとっても特別な場所だったことは間違いない。

なお、平安貴族に金が特別視されたのは、金が富をもたらすから、という理由だけではないようだ。修験道が取り入れた中国由来の道教には、**黄金を使えば不老不死の妙薬である金丹《きんたん》が錬成できる**という教えがあった。こうした価値観への憧れがあったからこそ、貴族は長寿を求めて大峰山に特別な思いを寄せたのではないだろうか。

▼失敗したら自害する掟

大峰山は、日本一厳しい修行といわれる**「千日回峰行《せんにちかいほうぎょう》」**の舞台でもある。回峰行とは寺と山中を往復しながら礼拝する修行法で、約1300年前に比叡山で始まったものが、大峰山にも伝わった。比叡山と大峰山で作法は異なるが、大峰山の千日回峰行は特に厳しく、その過酷さから達成できた者は1300年間で二人だけである。

希望者はまず、金峯山寺と大峰山を100日間往復する「大峯百日回峰行」に挑戦する。この行を達成してはじめて、翌年に千日回峰行への挑戦が許される。

千日回峰行の主な修行は、金峯山寺と大峰山山頂までの山脈の往復だ。単純なようにみえて、これが非常に過酷である。修行者は夜11時にスタートして山頂に通じる24キロもの山道を歩き通

大峰山をはじめとした山和の山岳地帯（「和州芳野山勝景図」国立公文書館所蔵）

す。山頂に到着すれば食事となるが、口に入れられるのは握り飯と水だけ。食事が終われば寺へと戻り、9時までに就寝する。片道にかかる時間は、およそ8時間。これを1000日も続けるのだ。

5月から9月までの4か月間しか入山が許可されないので、期間は約9年に及ぶ。修行後に9日間、食わず・飲まず・眠らず・横にならずで休みなく読経する「四《し》無《む》行《ぎょう》」を終えて、ようやく達成と見なされる。

千日回峰行が厳しいのは、一度はじめると中止が絶対に許されないからだ。嵐の日であっても病をわずらっていても関係はなく、必ず決行し続けなければならない。**どうしても続行できなくなれば、その場で自刃しなければならない**。そのため修行者は短刀を携帯し、いつ自刃してもいいよう白装束で修行に臨む。修験道の厳しさがひしひしと伝わってくる、過酷極まる修行である。

本当は怖い
日本の聖地

06 清水の舞台は死体を遺棄する場所だった？

▼清水の舞台には大量の死体が運ばれていた？

清水寺《きよみずでら》は、京都有数の観光名所である。境内には30以上の伽藍《がらん》が建ち並ぶが、最大の見どころは、何といっても**「清水の舞台」**だ。

本堂の前面に備えられた舞台は、急な崖の斜面にせり出すように建てられている。地上からの高さはおよそ13メートルで、4階建てのビルに相当する高さである。清水の舞台からは京都の町並みが一望できるため、とりわけ人気が高いスポットだ。

だがその反面、清水の舞台には歴史の闇が隠されている。**平安時代には死体を遺棄する場所として利用されていたという説がある**のだ。

清水寺の人気スポット「清水の舞台」

平安時代の葬送は、土葬や死体を風雨にさらして自然消滅させる風葬《ふうそう》が一般的であった。そのためひとたび疫病や飢饉《ききん》が流行すると、往来は大量の死体で埋め尽くされることになった。

実際、平安時代末期の『本朝世紀《ほんちょうせいき》』は「死者が多く路頭に死骸《しがい》が満ちている」と惨状を伝えており、鴨長明《かものちょうめい》の『方丈記《ほうじょうき》』にも「死臭があちこちで漂って腐爛《ふらん》していく様子は目も当てられない」という記述が見られる。

そんな都であふれた死体を投げ捨てるための施設が、清水の舞台であったという。舞台の棚が空中に大きく張り出すように造られたのも、死体を谷間に投げ落としやすくする目的があったとされ、あれほど高い場所に建設されたのも、死体の腐敗臭が立ち上ってこないようにするためであったと推測されている。**清水寺は化野《あだしの》、蓮台野《れんだいの》と並んで京都の三大風葬地である鳥辺野《とりべの》に近接していた**ので、遺体を運ぶにも適した場所といえるだろう。

▼舞台からは本当に人が飛び降りていた

それに清水の舞台から落ちていったのは、死体だけではなかった。

思い切って大きな決断をすることを「清水の舞台から飛び降りる」という。江戸後期の戯作者《げさくしゃ》・式亭三馬《しきていさんば》の『浮世風呂《うきよぶろ》』にも野菜を値切る場面で使われているが、実はこの表現は決して比喩ではなく、**清水の舞台からは本当に大勢の人間が飛び降りていた**。

清水寺の財務や対外交渉などを記録した『清水寺成就院日記《きよみずでらじょうじゅいんにっき》』には、元禄《げんろく》7（1694）年から170年間で、未遂を含め234件の身投げ事件が発生したと記されている。記録の欠落を考慮すると、江戸時代を通じておよそ420件もの飛び降りがあったと推測できるという。

とはいえ、この身投げは自殺が目的ではなく、**「命をかけて飛び降りれば清水観音が願いを叶えてくれる」**という信仰に基づいていた。

たとえば鎌倉時代に成立した説話集『宇治拾遺物語《うじしゅういものがたり》』には、清水寺で暴漢に襲われ逃げ場を失った役人が、一か八かで舞台から飛び降りると観音の加護を受けて一命をとりとめた、という話がある。

先述した『成就院日記』にも、「母の眼病平癒《へいゆ》」や「自身の病気治癒」などが飛び降りの理由として記されており、中には「暇《いとま》が欲しい」といった願掛けも見られる。飛び降りた人は男性が7割以上、年代別では10～20代の若者が大半を占め、最年少は12歳、最高齢は80歳。東北や四国からも、

清水寺を描いた浮世絵。左は江戸時代後期、右は江戸時代中期のもの（左／歌川広重「東海道名所之内 京清水寺」国会図書館所蔵）（右／鈴木春信「清水舞台より飛ぶ女」）

身投げ目的に寺院を訪れた人がいたようだ。全国的に知られた願掛けであったのだろう。

だが、死亡した人数は34人、**生存率は約85パーセントと意外と高い**。樹木の枝に引っかかるなどして、命拾いをするケースが多かったようだ。もっとも当時の人々は、命が助かったのは信仰心の表れと捉えたようで、それを裏付けるように19世紀初頭に出版された十返舎一九《じっぺんしゃいっく》の滑稽本《こっけいぼん》『東海道中膝栗毛《とうかいどうちゅうひざくりげ》』では、僧侶が「観音様に願を掛けて飛び降りるとけがをしない」などと説明する場面が描かれている。

とはいえ、**近隣住民や清水寺からすれば、相当な迷惑行為だった**ようで、京都町奉行所に再三にわたって転落防止の柵の設置を願い出たり、飛び下り禁止の指導を求めたりしている。やがて明治時代に入ると1872年に京都府が飛び降り禁止令を発令。これによってようやく身投げは終息に向かっていった。

本当は怖い
日本の聖地

07

あらゆる縁を断ち切る安井金毘羅宮に祀られた最強の怨霊

▼人と人との縁を切る地

日本人は古来、神が他者との縁を結んでくれると考えてきた。神道で縁は「むすび（むすひ）」とも呼ばれ、万物を創造して育《はぐく》む霊的な力として、神の名前にも使われてきた。高御産巣日《たかみむすひ》神のように、今も縁結びにご利益があるとして信仰を集める神もいる。仏教にも万物は何らかの形でつながっていると捉える「有縁無縁《うえんむえん》」という言葉があり、他者との縁を尊ぶ考え方は、日本人にとって特別だといえるだろう。

ただ、神は縁を結ぶだけではない。逆に一度結ばれた縁を断ち切ることだってある。いわゆる**「縁切り」**である。悪縁を断つために、寺社でお祈りをしたことがある人もいるだろう。人気の寺社に

安井金毘羅宮の鳥居。良縁結び・悪縁切りの社として知られる

は参拝者や祈願客があとを絶たず、年間400件もの祈祷依頼がくる場所もあるという。そうした寺社の中でも特に強力だと人を集める聖地が、京都市東山区の**安井金比羅宮**《やすいこんぴらぐう》だ。

▼あらゆる縁を断つ碑

縁切りの寺社は全国に多々あるが、安井金比羅宮のご利益は群を抜いている。悪しき人の縁をはじめ、賭け事への欲求や病など、あらゆるものとの悪縁を絶つと信じられている。年間100万人が訪れるといい、その8割が縁切り目的だという。

安井金毘羅宮は、奈良時代に藤原鎌足《ふじわらのかまたり》が建てたお堂を始まりとしている。神社になったのは明治期の廃仏《はいぶつ》毀釈《きしゃく》を経てからで、ここ数十年で縁切りの地として有名になった。そのきっかけとなったのが、**「縁切り縁結び碑」**と呼ばれる石だ。高さ約1・5メートル、幅約3

メートルで、全体が御札に埋もれるという奇観を呈している。古くから伝わる悪縁切りのご利益をアピールするためにバブル期に造られると注目されるようになり、現在では観光名所となっている。

▼日本最強の怨霊の力

安井金毘羅宮が縁切りの聖地といわれるのは、祭神と関係している。境内には交通安全と海上安全を司る大物主神《おおものぬし》、妖怪鵺《ぬえ》退治で有名な源頼政《みなもとのよりまさ》を祀っているが、**主祭神として祀られているのは、日本最強の怨霊・崇徳《すとく》天皇なのである。**

崇徳天皇は平安時代後期、鳥羽《とば》天皇の息子として生まれた。母が鳥羽天皇の祖父・白河《しらかわ》上皇と密通してできた子だと噂され、幼い頃から肩身の狭い思いをしていたようだ。白河上皇が亡くなると父から冷遇され、帝位に就いても実権を持つことは叶わない。さらには父から天皇の座を弟に譲るよう圧力をかけられ、その弟が急死しても、後継に崇徳天皇（退位したためこの頃は上皇）の子どもは推されず、第四皇子が皇位についた。そして、父の死後に天皇の座を奪い返すべく反乱を起こしたが鎮圧され、讃岐国《さぬきのくに》（香川県）へと流罪《るざい》になってしまう。流刑地《るけいち》でも冷遇されたことで崇徳上皇の怒りは頂点に達し、舌を食いちぎって流れた血で次のような呪詛文《じゅそぶん》を書き残したという。

「日《ひ》ノ本《もと》の大魔王となり、天下に大乱を起こさん」

崇徳上皇が亡くなったとき、その様相は、目が窪んで爪や髪は伸びっぱなしで、幽霊のようにお

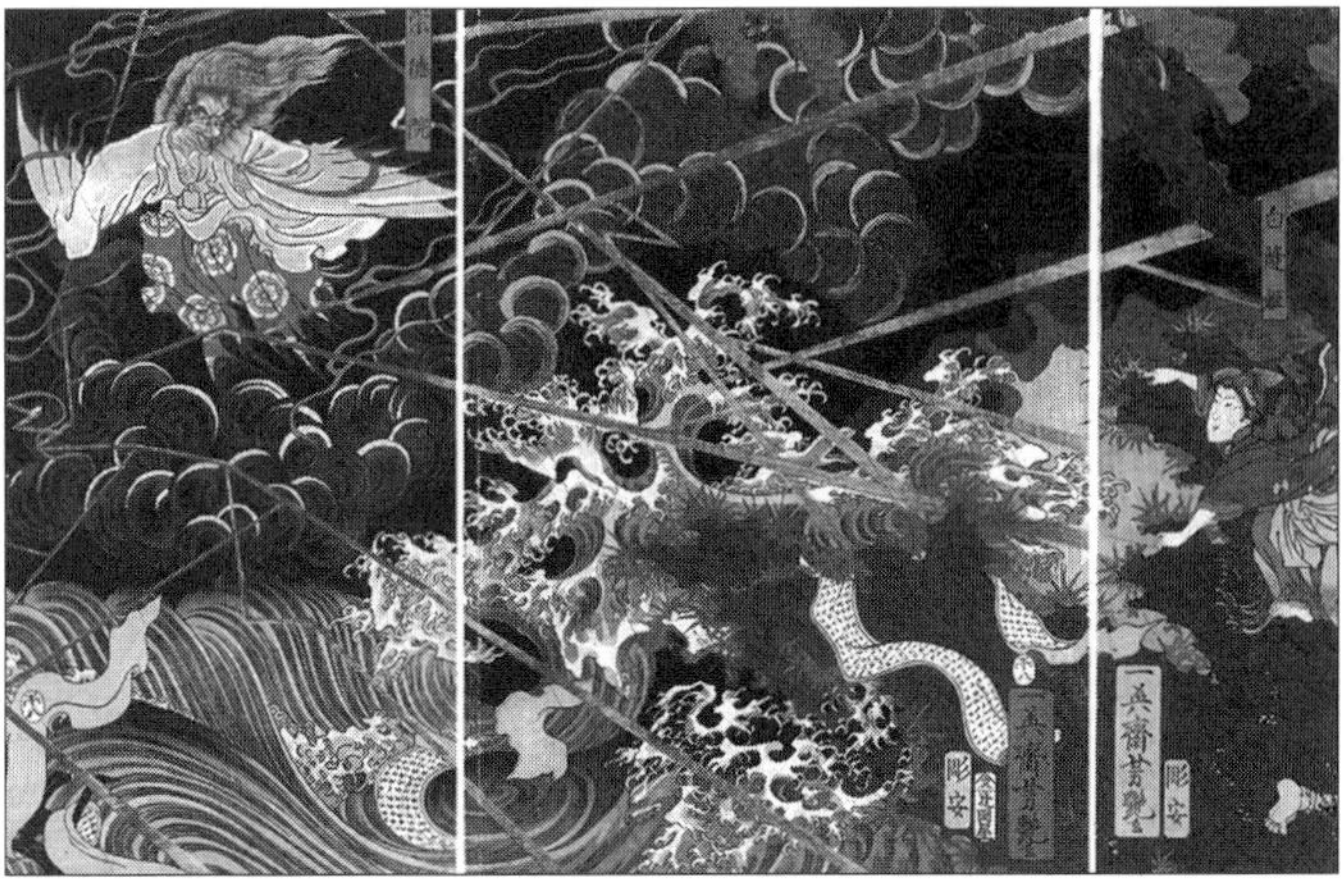

左にいるのが怨霊となった崇徳天皇（歌川芳艶「為朝誉十傑　白縫姫 崇徳院」部分）

ぞましかったという。

この呪詛文のくだりは史実ではないものの、こんな言い伝えがあるのは上皇の死後、実際に不吉な出来事が相次いだからである。天災や皇族の突然死が頻発すると、朝廷では崇徳上皇のたたりではないかと恐怖心を募らせていった。当初は讃岐院と馬鹿にしていた呼び名を改め、崇徳院という院号を贈って慰霊廟《いれいびょう》や菩提を弔うための寺院を建てた。その一つが、現在の安井金毘羅宮というわけだ。

崇徳上皇はかつて安井金毘羅宮があった地に御殿を持ち、そこに愛人を住まわせたことがあった。崇徳天皇の死後も、この愛人は菩提を弔い続けたという。

恐ろしいたたりを引き起こす悪霊であっても、正しく祀ればご利益をもたらす。それが神道の特徴だ。もしも悪縁に悩まされているならば、思い切って神頼みをするのもいいかもしれない。

本当は怖い日本の聖地

08 転ぶとたたりで命を落とす? 対馬の太陽信仰の地

▼太陽の聖人を崇拝する信仰

現在では観光地化した聖地が増えているが、必ずしも来訪者を温かく迎えてくれるとは限らない。古くから神聖な地として大事にされてきたために侵入が許されず、いわゆる禁足地となっている場所も数多い。**対馬の「オソロシドコロ」**も、近代まで不可侵のルールを貫いた禁足地であった。

対馬は日本と中国・朝鮮半島をつなぐ海上の要衝で、日本本土とは異なる文化や風習が育まれてきた。オソロシドコロも、**島独自の信仰「天道信仰」の聖地として重んじられてきた**歴史がある。

天道信仰とは、7~8世紀頃から広まったとされる太陽信仰だ。朝廷が太陽神の天照大神《あまてらすおおみかみ》を最高神としてあがめたように、対馬では太陽の力で誕生した**天童法師**《てんどうほうし》を神聖視していた。

対馬の聖地オソロシドコロ（（一社）対馬観光物産協会提供）

天童法師は、空を飛んだり病に苦しむ天皇を治療したりと、幼い頃から超常的な力を見せた。島の伝承によると、島南部の豆酘《つつ》に漂着した、高貴な女性の子とされている。女性は卵型の鉄船（虚船《うつろぶね》）で対馬にやってくると日光の力で処女懐妊し、天童法師を授かったという。日光の力で女性が超人を産む神話は、朝鮮半島によく見られる。これに日本の太陽信仰も影響し、天道信仰が生まれたとされている。

▼転んだだけで祟られる土地

オソロシドコロは、この天童法師の墓である「表八丁郭」と、母親の墓である「裏八丁郭」のことである。対馬の聖地・龍良山《たてらやま》の浅藻《あざも》地区（八丁郭《はっちょうかく》）に位置している。森を奥深くまで進めば、ピラミッド型の聖人親子の墓を見ることが可能だ。現在でこそ誰でも入ることができるものの、かつては人の立ち入りが禁じられ、厳しいルールが守られていた地である。

森の中に侵入できないのはもちろん、浜辺までしか接近が許されず、近くを通るときでも船から降りなければならなかった。近づきすぎなければ沖合を船で通ることはできたが、船員は通り過ぎるまでうつぶせになり、決して頭を上げてはいけない。森に入らなければいけないときでも、葉っぱを口にくわえないとたたられると恐れられた。地面にあるものは小石ですらも拾ってはならず、それが自分の落し物であっても手を触れてはいけない。

そしてもう二つ、もっとも犯してはいけないタブーがある。「聖地付近では絶対に転んではいけない」「表八丁郭を直視してはいけない」というタブーである。これらのタブーを侵した者は、**たたりで命を落としてしまう**。ただし、転んだときに袖をちぎって身代わりとするか、履物を頭に乗せながら「インノコインノコ（私は犬の子です）」と唱えながら後ずさりすれば、助かるという。

▼薄まる不可侵の掟

ここまで人の立ち入りが拒まれたのは、オソロシドコロが死者の埋葬地だったからだという説がある。高位の人間を葬送する儀式を目撃されないよう、立ち入り制限を設ける掟を敷いた。その名残で不可侵の聖域となった、という説だ。

真相は謎に包まれているが、少なくとも数百年前に比べれば、その実態が明らかになりつつある。

龍良山の原始林。対馬の聖地で、長い間奥深くに侵入することが禁じられていた

大正時代に歴史学者・平泉澄《ひらいずみきよし》が紹介すると、学者たちが幾度も調査に訪れるようになった。原生林は明治維新以後に伐採が進み、規模は大幅に縮小。1923年に禁止されるまで森林破壊は続いた。

こうしてオソロシドコロからは、不可侵のタブー意識が薄らいでいった。1980年には御嶽教《おんたけきょう》という神道系宗教の信者によって、表八丁の入口に鳥居と拝殿が建てられたこともあった。人の出入りが増えたことで、現在では一般人も入ることが可能だ。

とはいえ、どこでも自由に移動できるわけではない。かつてオソロシドコロの一部だったと伝わる多久頭魂《たくずだま》神社《じんじゃ》の境内には、**「不入坪《いらぬつぼ》」**という立ち入り禁止の一帯がある。また、石塔に背を向けてはならない、転んではいけないという参拝ルールを作り、特別な信仰を守り続けている。時代が変化して人の出入りは増えたものの、神聖な地であることに変わりはないのだ。

本当は怖い
日本の聖地

09 神々の戦いから生まれた 神の住まう地・神居古潭

▼神と人が共存する信仰

北海道に住むアイヌ民族は、あらゆる物質や現象に、魂が宿っていると考えた。対象は動植物や自然現象だけでなく、人間が作る道具も含まれる。こうした万物に宿る人知を超えた存在を、アイヌの人々は**「カムイ」**と呼んだ。

カムイは役目を果たすために人の世界へと現れ、すべてを終えると元の世界に帰還する。この信仰に基づいて、古代のアイヌ民族は帰還と再来の無事を願って儀式を行った。狩猟は食事のためだけでなく、動物の体からカムイを解き放つ行為でもあった。

カムイには、人々の生活を支える火のカムイ、村々を見守るシマフクロウのカムイといった善

北海道最大の河川・石狩川。神居古潭と呼ばれる場所は川幅が狭く流れがはやかったため、アイヌの人々も少なからず犠牲になったと考えられる

き存在がいる一方で、伝染病や災害を引き起こす恐ろしい存在もいる。そして時には、善のカムイと悪のカムイが戦うことも、珍しくはないと信じられた。そうしたカムイ同士の戦いによって生まれたという聖地が、北海道旭川市の石狩川にある。「神の住まう地」という意味が込められている、**神居古潭**《かむいこたん》だ。

▼善神と悪神の戦い

石狩川流域には、古くは祭祀場があったと考えられている。縄文時代の竪穴式住居跡やストーンサークルらしき遺跡群が点在することから、川の付近は人の定住地だったようだ。アイヌの伝説で語られる神の古戦場「神居古潭」は、この川の急流地に位置している。

アイヌの伝承によると、神居古潭周辺はかつて、ニッネカムイという悪神の支配地だった。この悪神は人間が川を渡ることを快く思わず、巨石を投げ込んでは川沿いの人々に危害を加えていた。見かねた山神ヌプリカムイが大岩を取り除くと、悪神は激怒。悪神は山神に戦いを挑み、川の急流地は神々の戦場となってしまった。

戦いは悪神の優勢に進んだが、山神に英雄神サマイクルが味方したことで戦況は一変。悪神は圧倒され、ついには川の上流へと逃走した。そして、逃げる途中で地面に足がめり込んでいる隙を突かれ、サマイクルの剣で首を落とされた。こうして戦いは善の山神の勝利に終わり、この地は聖地神居古潭としてあがめられるようになった。

神居古潭の付近は川の流れが速く、船での通行には少なくない危険をともなう。小舟がせいぜいだった古代では、転覆による溺死者も珍しくなかっただろう。そのような急流をアイヌの人々は悪神になぞらえ、善と悪の戦いの神話を作り出したのかもしれない。

他の神話とも関係深い地であるが、明治以降の開拓事業によって破壊されてしまった遺物も多いという。

▼戦乱で生まれた伝説の島

神居古潭以外にも、アイヌの伝説が残る聖地はある。世界2位の透明度で有名な**摩周湖**もその一つだ。アイヌ語で山神の湖を意味する「キンタンカムイトー」とも呼ばれ、近辺にある摩周岳も神

アイヌの聖地・摩周湖。火山の噴火によってできた窪地に水がたまって湖となった

の山「カムイヌプリ」と称されている。そんな聖なる摩周湖には、アイヌにまつわる悲しい伝説が残っている。

熊祭りの日のある夜、湖付近の村々で戦争が起きた。多くの村民が倒れる中、湖に孫とはぐれた老婆が迷い込んだ。老婆は孫を探し回ったが見つからない。疲れ果てた老婆はカムイヌプリで神の許可を得て眠り込んだが、あまりの疲れのせいで、目覚めても一歩も動くことができなかった。そのため孫を探すことができず、今も摩周湖で待って再会を待ちわびているという。摩周湖に浮かぶカムイシュ島はその老婆の成れの果てといわれ、冬の湖で霧や吹雪が起きるのも、来訪者を孫と見間違えた老婆が歓喜の涙を流すせいだとされる。

摩周湖は霧に覆われることが多く、夏場には湖面全体が霧で見えなくなることもある。一見すれば風光明《ふうこうめい》媚《び》な自然の名所だが、この地に迷い込んで命を失う人がいたからこそ、こんな伝説も生まれたのかもしれない。

本当は怖い日本の聖地

10 男子の立ち入りを厳しく制限 沖縄の斎場御嶽

▼自然そのままの聖地

日本の聖地はかつて、女性の立ち入りを禁じる女人禁制が当たり前だった。近年は女性差別だとして廃止されることも増えているが、古来のしきたりとして慣習を守る聖地も少なくない。近代化か伝統護持かという難しい問題に、宗教界は直面しているわけである。

一方で、**男性の侵入を禁止していた聖地**が、沖縄にある。それが**「斎場《せーふぁー》御嶽《うたき》」**だ。御嶽とは沖縄特有の聖地で、日本本土の聖地のような社殿や祭壇を一切置かない。祭壇や鳥居を備えた場所もあるが、それらは明治時代になって、琉球王国が沖縄県として日本の一部になってから置かれたものだ。

斎場御嶽の最奥にある拝所・三庫理（さんぐーい）。「斎場（せーふぁー）」は「最高」の意

御嶽は派手な装飾や構造物をはじめ、人工物はほとんど設置されない。置かれたのは目印代わりの石や貝だけだ。そうした**飾り気のない光景こそが信仰の場**であり、現在に残る史跡からは、かつての自然信仰を窺い知れる。そして、数ある御嶽の中でも特に神聖視されてきたのが、斎場御嶽なのである。

▼男子禁制の掟

沖縄本島南西部に位置する斎場御嶽には、拝所《うがんじゅ》（神を拝む場所）として巨石はあるが、他の御嶽と同じく人工の祭壇や建造物は一切ない。

琉球王国の歴史をまとめた『中山世鑑《ちゅうざんせいかん》』によると、斎場御嶽は沖縄の創造神アマミキヨがつくったという。天界を治める天帝に国づくりを命じられたアマミキヨは、沖縄に降り立つと九つの聖地を創造。『聞得《きこえ》大君《おおぎみ》御《お》規式《ぎしき》の次第《しだい》』によると、さらに七つの森を創造している。

このうち、最初につくられた七つの聖地の中で三番目にできたのが、斎場御嶽だったと記されている。現在は伐採や戦火の影響で大部分を失っているが、**かつては深い原生林に覆われ、昼でも夜と見間違えるほどの暗がりだったという**。

斎場御嶽は、六つの拝所で構成されている。最奥《さいおう》付近にある巨大な三角岩を抜けると三つの拝所があるが、重要なのは東側の「チョウノハナ拝所」だ。この先にある**久高島**《くだかじま》はアマミキヨが降臨した島として神聖視されており、祈りを捧げることで神の大いなる力が宿ると信じられていた。

現在でこそ男性も入ることができるが、**かつては女性しか立ち入りを許されなかったのは、琉球王国の神官が全員女性だったから**だろう。御嶽などでの神事は、「ノロ」と呼ばれる女性神官が行うもので、そのトップである「聞得大君《きこえおおぎみ》」には王家の女性しか就くことを許されなかった。斎場御嶽はこの聞得大君に就任する儀式を行う場所だったため、特に尊ばれたのだ。

聞得大君に就任する儀式は、「御新下《うあらう》りの儀」と呼ばれた。久高島の霊位を得て、ノロは最高の神官となる。期間は2日間、準備期間を合わせると数ヵ月間にも及ぶ、琉球王国最大の行事だった。

男性は下準備などに関わるのみで、必然的に聖地に近づくことが少なかった。こうした慣習から男子禁制の掟ができたのだと考えられている。なお、国王は祭祀への参加を名目に入ることはできたが、男子禁制という建前を守るため、女装しなければいけなかった。

聖地・久高島では12年に一度、条件を満たした女性が聖職者となる「イザイホー」が行われた（写真は1954年時）。斎場御嶽はこの久高島の拝所として尊ばれた

▼もとは地元民の聖地だった？

王族との関係から、斎場御嶽は伊勢神宮のように古来の聖地だと思われることがあるが、その歴史は意外と浅い。琉球王国の成立は１４２９年で、斎場御嶽が王家の聖地となったのも当然それ以降だ。創世神話が整備されたのもその間だとされている。

しかし、沖縄の伝承によれば、**琉球王国の聖地になる前から、斎場御嶽は民間信仰における聖地だったようだ**。久高島という古来の聖地を拝める立地が琉球王国に注目され、神話に取り込まれたのだろう。

ただ、この神話の再編過程で、民間信仰が弾圧された可能性がある。**琉球王国は国家祭祀に向かない信仰に厳しく、民間霊能者のユタを弾圧していたか**らだ。世界遺産登録の際に民間信仰の歴史は無視され、「琉球王国の聖地」という面が強調されてしまったが、素朴な信仰の場所だったことも、忘れないでおきたい。

本当は怖い日本の聖地

11 沖ノ島で見たものは一切口外してはならない

▼神と神との誓約で生まれた祭神

九州本土から60キロメートルほど離れた玄界灘《げんかいなだ》の海上に、**沖ノ島《おきのしま》**は位置する。周囲約4キロメートル、面積は0・7平方キロメートル程度の小島だが、この場所こそ、**神が宿る地として神聖視されてきた、日本有数の聖地**である。島全体が神域となっており、一般人の立ち入りは、現在では一切禁止されている。定期便は当然なく、神職が交代制で上陸する以外に人の出入りが途絶えた、まさに絶海の孤島である。

神職の常駐が許されているのは、島が宗像大社《むなかたたいしゃ》の境内であるからだ。宗像大社は辺津宮《へつみや》、大島の中津宮《なかつみや》、そして沖ノ島の沖津宮《おきつみや》の三宮で構成され、「宗像三神《むなかたさんしん》」と呼ばれる三柱の女神を主祭神と

玄界灘に浮かぶ絶海の孤島・沖ノ島

している。多紀理毘売命《たきりびめのみこと》、市杵島姫命《いちきしまひめのみこと》、多岐都比売命《たぎつひめのみこと》が宗像三神である。沖ノ島は、このうち多紀理毘売命の鎮座する聖地としてあがめられてきた。そして**現在まで続く厳しい掟によって、島は不可侵の領域として外界から守られてきた**のだ。

▼黒田藩を襲った怪異現象

沖ノ島の掟は、島を管理する神職も厳守しなければならない。まず、島の鳥居をくぐるときには裸になって海で禊《みそ》ぎをする。真冬や悪天候でも関係なく、必ず順守する。また、島のすべては神の所有物なので、小枝1本さえも持ち出せないし、島で見聞きしたことは口外できない。これらの掟を破ったものには、次々に不幸が襲うという。

江戸時代中期の学者・貝原益軒《かいばらえきけん》の記した『筑前国《ちくぜんのくに》続諸社縁起』には、こんな記述がある。

戦国時代に九州の大名・黒田長政《くろだながまさ》が島から織機《おりばた》を持ち帰ってしまった。キリシタン大名の長政は日本古来の信仰を軽視することがあったようだが、その行動が不穏な出来事を引き起こした。居城に運んだその日から、織機は毎夜ひとりでに振動するようになったのだ。城中の家臣は怯えたが、長政は気にせずそのままにしていた。すると、領内では猛烈な雷雨に襲われるなどの異変が多発。さすがの長政も慌ててしまい、織機を沖ノ島に返却したという。事実かどうかはともかく、江戸時代にもこのような伝承が語られていたところに、沖ノ島への畏れが見て取れる。

▼古代海運の要所だった

沖ノ島がこれほど厳しく隔離された理由は、よくわかっていない。それでも、戦後になると多少なりとも実態がわかってきた。

1954年から1971年の間に3次にわたって、沖ノ島で発掘調査が行われた。その結果、23カ所の祭祀場跡と、約8万点もの奉納品と思しき金属類が発見された。ほとんどが大陸・半島由来の品々である。歴史的価値が非常に高く、数万点の出土品は国宝に指定された。そのため、沖ノ島は「海の正倉院」と呼ばれるようにもなった。

沖ノ島は、九州北部と朝鮮半島の中間に位置する。そのため大陸交流の中継地として、ヤマト王権や九州の豪族から重視されていた。祭祀場は航海の安全祈願のために機能していたのだろう。多《た》

沖ノ島から出土したガラス細工。科学調査の結果、3～7世紀のメソポタミアから伝来したことがわかった（朝日新聞社提供）

紀理毘売《きりびめ》は道主貴《みちぬしのむち》とも呼ばれる交通の神でもあったため、祭壇で多紀理毘売命を祀ることにより、**航路の安全を祈願した**と思われる。

沖ノ島は、4世紀から9世紀にわたる約500年間、海上交通の要衝として重視された。沖ノ島が聖地となったのは、その間に守られてきた信仰が根付いたからだと考えられる。

ただし、発掘調査が行われる前も、神職以外が島に立ち入ることはままあった。幕末には外国船警戒の名目で福岡藩士が常駐していたし、明治維新後は大陸方面防衛のために陸軍が中継基地にしていた。

それに平成後期までは、毎年5月27日に約200人の一般人（男性のみ）が潔斎《けっさい》（心身を清めること）すれば島の社へ参拝できた。だが、2017年に世界遺産登録されたとき、宗像大社は改めて人の出入りを禁止し、古来の聖地を守ることに決めたのである。

第二章　聖地とあの世の奇怪な関係

本当は怖い
日本の聖地

12 地上を死の世界とつなぐ出雲大社誕生の秘密

▼地上と地続きだった死の世界

島根県にある**出雲大社**は、日本神話で重要な役割を果たす、**大国主命**《おおくにぬしのみこと》を祀っている。天皇家の神である天照大神《あまてらすおおみかみ》が天上の国・高天原《たかまがはら》の支配者であるのに対し、大国主は地上の国・葦原中津国《あしはらのなかつくに》の統治者だ。

『古事記』によれば、大国主は国を明け渡せという天上の神々の要求をのんで、地上の支配権を譲ったが、その見返りとして巨大な宮殿を手にしている。これが出雲大社の元となったと『古事記』には記されている。この国譲り以降、日本神話は天上の神々や天皇家が主役となっていくが、実はその陰で大国主は、**死後の世界の支配者として、隠然《いんぜん》とした力を持ち続ける**のである。

出雲大社に集まる神々（三代目歌川豊国「出雲国大社八百万神達縁結給図」部分）

▼死の世界を統治する神

元々出雲の地には、ヤマト王権に匹敵する一大勢力が存在していた。一般的にはこれを**出雲王朝**と呼ぶ。大国主は、そうした古代出雲の支配者か、有力豪族の氏神だったといわれている。おそらく、出雲王朝はヤマト王権の傘下に入ったものの、強大な力を有していたがゆえに、特別に配慮されていたのだろう。日本神話で天皇家の血筋とは関係のない大国主の話にかなりの比重が割かれているのは、そうした事情があったからだと考えられる。

神話では、地上の統治権を天上の神々に譲った後、大国主は表舞台から姿を消す。だが、大国主は「幽冥《かくりよ》主宰大神《しろしめすおおかみ》」、つまりは神や霊魂が住むあの世の世界の支配者となる。政治と祭祀のいずれもが重要な国家事業だった古代において、あの世の管理者になるということは、相当な力を持つことを意味する。そのため大国主を祀る出雲大社も、あの世に近い場所として特別視され、独自の祭祀を実行してきた。現在でも出雲の地には独特の祭りや伝承を持つ神社が多いが、それはヤマト王権がこの地に配慮した結果なのかもしれない。

▼あの世の支配者が起こすたたり

出雲大社は縁結びのご利益があることでも有名だが、この価値観には大国主が幽冥界《ゆうめいかい》の支配者であることが影響している。

大国主が支配する幽冥界は、死者の世界であると同時に神の領域でもある。縁故や運命のような、人知では計り知れない事象も司る。八百万の神々が年に一度出雲大社に集まるという伝承があるが、それはこの地が、**縁結びなどの人知の及ばない神事を話し合うのに適している**からだ。あの世と関係が深い場所には死のイメージがともないがちだが、神秘的な力が働く場所として、ご利益が期待されることもあったようだ。

だからこそ、その力がたたりとして人間に降りかかってくると、被害は甚大だ。『古事記』の後半に登場する皇子の記述からも、その影響力が見て取れる。

第11代垂仁《すいにん》天皇の長男・誉津別命《ほむつわけのみこと》は、幼い頃から口がきけなかった。成人しても言葉が話せず、天皇は途方に暮れていたが、あるとき夢に現れた大国主から、こんなことをいわれた。「息子が喋

出雲大社で旧暦10月10日に行われる神迎祭。出雲ではこのような、火を使った独自の祭りが尊ばれてきた（ふくいのりすけ / PIXTA（ピクスタ））

れないのは、自分が祟っているからだ。なんとかしてほしければ、神殿を天皇の宮殿のように造り替えろ」。天皇がこれに従って神社を造営したところ、すぐに息子の口は治ったという。

大国主と同一神とされる大物主のたたりは、さらに恐ろしい。子孫に自分を祀らせるために疫病で日本人の半分を殺し、その翌年も凶作や戦乱を起こして人々を苦しめたのだ。大物主の「モノ」は怪異への恐れを表すと考えられており、同じく邪悪な存在を意味する「オニ（鬼）」との関連性も指摘されている。

疫病や凶作などは、人間の力で簡単に抑えることのできない、人知の及ばない現象だ。そうした自然への恐れが、大国主や大物主という存在に反映されているのかもしれない。幽冥の力がたたりとならないよう、出雲大社に参拝するときは神への敬意を忘れてはならないのだ。

本当は怖い日本の聖地

13 霊の世界ともっとも近い恐山の厳しい環境

▼あの世が具現化した山

死霊の世界と密接につながり、死者を体に降ろすイタコが住まう土地。そんな伝承を持つのが、青森県下北半島に位置する**恐山**《おそれざん》だ。

恐山は、比叡山、高野山とともに「日本三大霊場」に数えられる。宇曽利湖《うそりこ》を中心とした八つの峰に囲まれてできたカルデラで、人が生活するには非常に厳しい環境だ。冬の時期は積雪が激しいため入山することすらできない。**火山性のガスが漂う不毛の大地に生物の姿はほとんどなく、その様相から「百三十六の地獄」とも称される。**その一方、奥地に広がる美しい湖畔は、極楽浜の呼び名で知られている。

青森県むつ市にある恐山。JR 下北駅からバスで約 35 分山を登ると到着する

開山は今から1200年ほど前で、当初は「宇曽利山」と呼ばれていた。現在では地蔵菩薩を本尊とする恐山菩提寺という堂舎があり、山麓にある円通寺《えんつうじ》がこれを管理している。本州最北端の僻地ながら観光地として有名であることから、参拝者はあとを絶たない。

▼恐山と死の世界

全国的に有名になる前から、東北一帯では古くから「死ねば恐山さいく」といわれ、恐山は死の山として畏れられていた。山麓の田名部《たなぶ》口から続く参道には数多くの観音像があり、自動車道が整備される以前は、それらにお供えや賽銭《さいせん》が添えられた。そうして人々は道中の安全を祈願し、祖先を供養していたのだ。

山門の先の河川部は「三途《さんず》の川」と呼ばれ、そこに架かる橋を通ることで死者の山たる恐山に登山者は入っていく。まさに、現世から死の世界へ赴く死者の姿の再現である。

さらに先へ進んでいくと、「賽の河原」という岩場に出る。幼子を亡くした親たちが、その供養に訪れた場所だ。子どもを弔うために積まれた石がそこかしこにあり、併設された地蔵堂には賽銭や供え物が捧げられている。山の伝承では地蔵菩薩が毎夜現れ、賽の河原にいる子ども達を救済するという。他にも、表札や卒塔婆、小さな地蔵像が無数に奉納されており、恐山が死者の供養地として特別な意味を持っていることが窺える。

▼オカルトブームで生まれたイタコ文化

恐山といえば、死者の魂を体に降ろす**「イタコ」**が有名だ。イタコはもともと、農耕や運勢に関する吉凶を占う巫女の一種で、東北周辺の土着信仰に根差した存在である。恐山に常駐しているわけではなく、「恐山大祭《たいさい》」と「恐山秋詣り《あきまい》」の年2回だけ山に登る。

恐山と聞けばイタコをすぐに連想する人もいるだろうが、実は現在のような両者の関係はそう古いものではない。イタコが祭礼で恐山と関わってきたのは事実だが、知名度が高くなったのは昭和に入ってからなのだ。

1950年代半ばから恐山の祭礼がテレビを通じて報じられるようになると、イタコを見るために観光客が山へ押し寄せるようになっていく。そうした観光客相手に商売をしようと大勢のイタコ

1969年の恐山大祭の様子。大勢の参拝客でにぎわう（共同通信社提供）

が集まるようになり、大祭の名物となっていったのだ。大半は青森県内から来ていたが、中には北海道から来た者もいたという。

ちなみに、恐山が心霊スポットとして人気を集めるようになったのは、1970年代のオカルトブームの際、地獄信仰などの恐ろしい面が誇張されてマスコミに報じられたからだと考えられている。

大勢の観光客を迎えたことで、最盛期には40人を超えるイタコが大祭に参加し、イタコ組合という組織も発足していた。

だが、**高齢化にともない引退したり、死亡したりすることでイタコはその数を年々減らし、2020年現在では、十数人ほどしか残っていない。**元は目の見えない女性が生活のために厳しい修行を積んでイタコとなったが、そうした伝統はあと数十年もすると、大きく変化することになるかもしれない。

本当は怖い日本の聖地

14 立山の地に広がった生き地獄の様相に迫る

▼地獄信仰の山々

本州中部に位置し、数々の名山が連なる北アルプス。ここに、修験道の聖地として信仰を集める霊山がある。富山県中新川郡《なかにいかわぐん》に位置する**立山《たてやま》**である。

立山とは、「神仏が立ち現れる山」という意味である。実際、江戸時代に成立した『立山略縁起』は、阿弥陀如来が宿る地として立山を描いている。ある男が立山で遭遇した熊に弓を射かけたところ、この熊が光り輝く阿弥陀如来に変身したのである。これに感銘を受けた男は出家して慈興《じこう》と名乗り、立山に修行場を開いたという。似たパターンの縁起が他にもあることから、その原型となる話はそれ以前からあったのだろう。『万葉集』にも立山に関する歌が載っており、古くから知られ

立山の火山活動によってできた地形。湖はかつて火口だった

た山だったようだ。

なぜ立山がそれほどまでに信仰を集めたのか？　それはこの地が、**地獄のような環境だった**からである。

▼立山に現れた生き地獄

立山には、2700メートル級の火山があったといわれている。その痕跡とされる立山カルデラに、地獄谷と呼ばれる場所がある。現在でも火山性のガスと水蒸気が噴き出す危険区域で、2020年6月の時点では、歩道への立ち入りが禁じられている。近代以前の火山活動はより激しく、血の池地獄のような赤色の池まであったと記録されている。

硫黄と熱湯に彩られた様子は、前近代の人々からすれば、まさに地獄のイメージそのものだったのだろう。いつしか罪人の魂は立山の地獄に堕ちると囁かれ、畏怖の対象となったが、山に参拝すれば死後の救済が約束されるという信仰も形成された。これが「立山信仰（地獄信仰）」である。

立山地獄に関する逸話は、平安時代には仏教説話集をはじめ、さまざまな文献に登場している。平安時代末期の説話集『今昔物語集』にも、罪を犯した者は立山の地獄に堕ちると記されており、貴族層の間ではすでに立山＝地獄という価値観が広がっていた。

また、文字の読めない人々へ立山の由来や伝承を伝えるため、絵図も描かれている。ここに、地獄の世界観が示されている。山麓にあった芦峅寺《あしくらじ》と岩峅寺《いわくらじ》の僧侶はこれを用いて参拝者に地獄信仰を説き、遠国に出かけるときにも庶民相手に絵解きをした。こうした書物や絵による布教で、立山信仰が全国に浸透したのである。

▼女人禁制のなごり

今でこそ、立山は老若男女問わずに入山できるが、かつては女人禁制が敷かれていた。山頂まで行けるのは男性だけで、女性は明治時代になって女人禁制が解かれるまで、山麓の姥堂《うばどう》までしか入ることを許されなかったのだ。

この慣習が元で江戸時代に生まれた祭礼が、今も残っている。3年に一度、秋の彼岸に実施される**「布橋灌頂会《ぬのばしかんじょうえ》」**だ。白装束の女性たちが、目隠しをしたまま白布を敷いた橋を渡る行事で、女人禁制で立山に登れない女性たちのために行われた。

2014 年 9 月 21 日に行われた布橋灌頂会の様子。87 人の女性が布橋を渡った（時事）

姥堂のある出発点を現世、芦峅寺の閻魔堂を来世になぞらえ、それらをつなぐ布橋を、女性たちが総出で渡りきる。これによって女性たちは神仏の加護を得て、男性と同じように極楽浄土に行けると信じられたのだ。

明治時代になると廃仏毀釈のあおりを受けて布橋灌頂会は廃れてしまったが、１９９６年の国民文化祭を機に再開されることになり、現在では全国から数十人が参加している。その伝統を保護する努力が認められて、２０１２年には日本ユネスコ協会連盟のプロジェクト未来遺産に登録されている。

立山の地から広がった信仰は、地獄の苦しみや恐怖心だけではない。**極楽浄土への思い**もまた、この地から全国へと流布していった。女性の参拝は許されなかったが、布橋灌頂会のように、それゆえに生まれた祭礼もある。立山はそのような、多面的な信仰形態が息づく山でもあるのだ。

本当は怖い日本の聖地

15 地獄へつながる井戸がある六道珍皇寺

▼罪人が落ちる世界

仏教の地獄は、スケールが非常に大きい。大きく八熱《はちねつ》地獄と八寒《はっかん》地獄に分けられるが、そこからさらに272の小さな地獄が存在する。地下約5万キロに八つの階層に分けられ、一階層は約1万由旬《ゆじゅん》（10万平方キロ）、最下層にいたっては約8万由旬もの広さを有する。堕ちた者は最低でも約1兆6653億年の刑期を負うなど、時間も空間も途方もなくスケールの大きい世界観である。

京都市東山区にある**六道珍皇寺**《ろくどうちんのうじ》は、そんな地獄とのつながりが深い。建立当初は鳥辺野《とりべの》に住む鳥部氏の氏寺だったと伝わるが、詳しいことはわかっていない。ただ、鳥辺野は平安時代には大規模な埋葬地だった場所であり、死のイメージが根強かった。そのためか、**寺には地獄の入り口がある**

六道珍皇寺の門前。室町時代に臨済宗寺院となった（筆者撮影）

という伝承が残っている。

▼地獄へと通じる井戸

寺名にある六道とは、生物が死後に転生する六つの世界のことである。神々が住む天道、人間が住む現世を示す人道、戦いの世界である修羅道、動物に転生する畜生道、永遠に満たされることのない餓鬼道、罪人が落ちる地獄道。これらの世界を永遠に生まれ変わり続けることを「輪廻《りんね》転生《てんしょう》」と呼んだ。

六道珍皇寺はこの六道への分かれ道（六道の辻）を有するという伝承があるが、ここで注目したいのは、**本堂裏にある井戸**だ。見た目は石造りのシンプルな形だが、**この井戸に落ちると生きたまま地獄へ行ける**という伝承がある。しかもこの井戸を、**平安時代初期の官僚・小野篁《おののたかむら》が使用した**と伝わっている。

小野篁は文武に秀でた秀才であった一方、「野狂」と呼ばれるほどに奇行が目立つ人物だった。遣唐副使への就任命令を拒み、上皇から流罪にされたこともあったようだ。

小野篁は官僚として働く裏で、夜になると必ず寺へやってきたという。目的は、井戸から地獄へと向かうことだった。そうして生きたまま地獄へ行くと、**閻魔大王《えんまだいおう》の部下として死者の裁判に立ち会った**のである。そして裁判が終わると、別の井戸を使って現世へ戻ったらしい。

もちろん、史実とは考えにくいが、こうした言い伝えが生まれたのは、小野が寺の整備に関わったからだといわれている。変わった人物だったことも確かなようなので、人間離れしているとして、地獄と関連付けられたのだろう。伝説は平安時代末期には広く知れわたっていたらしく、『今昔物語集』などの複数の説話集にも、小野と地獄にまつわる逸話が掲載されている。

そんなゆかりがあることから、今でも寺では小野を祀り、篁堂には等身大の木像が閻魔像などと一緒に安置されている。なお、小野が使ったという地獄行きの井戸は、一般人は見ることができない。内部はすでに埋め立て済みともいわれているが、いずれにせよ、今では井戸から地獄へ行くことはできないようだ。

▼不可思議な鐘と幽霊伝説

六道珍皇寺は、8月7日から10日までの盂蘭盆会《うらぼんえ》（お盆）で特ににぎわう。先祖を迎えるための

六道珍皇寺の井戸から地獄へ行ったと伝わる小野篁（菊池容斎『前賢故実』国会図書館所蔵）

「六道まいり」が行われるからだ。**「迎え鐘」**の音が響くと先祖の霊が槇《まき》の葉に乗って戻ってくるといわれるが、この鐘にも死にまつわる不思議な伝承が残っている。

迎え鐘は寺の開基・慶俊僧都《きょうしゅんそうず》が作らせたという。唐へ旅立つことになったとき、慶俊僧都は小僧に鐘を3年間埋めておくよう言い残した。しかし、小僧は我慢できなくなって掘り起こし、鐘をついてその音を聞いてしまう。これが唐の国にまで届くと、慶俊僧都は大変嘆いた。

「3年埋めれば六つ時に勝手に鳴ったというのに、惜しいことをしたものだ」

　慶俊僧都の願いは叶わなかったが、鐘は別の用途で使われることになる。唐まで音が届くなら、冥土にも届くはずだ、ということで、**死者を呼び戻す迎え鐘になった**という。

　あの世との境目にあり、地獄とも通じているという六道珍皇寺。死者にまつわる話が多いのも、不思議ではない。

本当は怖い
日本の聖地

16 死霊がこもる東北の聖地 出羽三山

▼皇族が開いた霊山

現在でこそ、山はレジャーや聖地巡礼の場として親しまれているが、古代の山岳地は死者を葬る埋葬地でもあり、庶民が気軽に訪れる場所ではなかった。故人を葬ってきた山々は信仰の対象となり、死者を鎮魂する聖地と化したところも多い。そうした**死霊信仰の地**となったのが、山形県鶴岡市の羽黒山《はぐろさん》・月山《がっさん》・湯殿山《ゆどのさん》、通称**「出羽三山《でわさんざん》」**である。

17世紀に成立した縁起によると、山々は崇峻《すしゅん》天皇の息子・蜂子《はちこ》皇子によって開かれたとされる。権力闘争に敗れて東北へと落ち延びた蜂子皇子が、神の使いである鳥・八咫烏《やたがらす》の啓示を受けて羽黒山に籠ったことにルーツを持つ。蜂子皇子は厳しい修行の果てに観音と相対し、出羽三山を修行場

羽黒山の山道

として開いたという。

三山の山頂にはそれぞれ、出羽神社、月山神社、湯殿山神社が置かれ、信仰の中心地である羽黒山には、三神を合祀した「三神合祭殿《さんじんごうさいでん》」がある。明治時代の廃仏運動で仏教系の信仰は切り離されてしまったが、現在でも修験道の信仰は残っている。その一つが、死霊への信仰なのである。

▼死者があの世へ昇る山

死霊信仰といっても、オカルト的な要素はない。その根本は、**山をあの世に見立てた祖霊信仰**にある。蜂子皇子の修行場だと伝わる羽黒山の阿久谷《あこや》（「あくや」とも）は、古代において葬場だったともいわれている。そのためか、この世ならざる場所として神聖視されていたようだ。山頂にある鏡池も、神霊の化身としてあがめられてきた歴史がある。池の水位は年中ほとんど変わらなかったため、その不変性に古代人は神の力を感じたのだろう。

また、明治時代以前に月山に祀られていた月山大権現《がっさんだいごんげん》は、阿弥陀如来の化身だと信じられ、**山頂を極楽浄土に見立てた信仰もあった**。祖霊は羽黒山に留まったのちに月山に昇って成仏すると説かれていたようだ。まさに日本古来の信仰と仏教が融合した、神仏習合の一例である。

さらに湯殿山神社のご神体である大岩は、死者を成仏させる力があると信じられた、特別なものである。**岩肌から湯が噴出している**という伝承があり、大岩近くの壁に故人の戒名を書いた紙を貼り付ける風習があった。そうして大岩から漏れる湯で紙が溶け崩れると、その人の魂が成仏できると信じられたのだ。こうした供養方法を「岩供養」といい、現在も場所を変えて続けられている。

▼大量の卒塔婆を安置する祭殿

羽黒山の三神合祭殿には、「霊祭殿」という社殿がある。この社殿脇に広がるのが、大量の地蔵菩薩像と死者鎮魂を祈った風車、そして無数の卒塔婆《そとば》である。卒塔婆の大半は親族知人の供養を願ったものだが、次のような少々物騒な卒塔婆も、大量に見られる。

「生木に火をつけた前世の命之霊位」

「十一軒口炭坑時代に生き埋めされた人夫一同の霊位」

「一揆そう動で焼き殺された霊」

月山の弥陀ヶ原。山頂の美しい景観が極楽浄土にみたてられることもあった

なぜこんな卒塔婆が並べられるようになったのか？諸説あるが興味深いのは、**悪霊供養のために持ち込まれた**という仮説だ。

青森県にイタコがいるように、山形県にも「ミコ（ミコサン）」という民間霊媒師がいる。東北地方ではこうした霊媒師が各地をめぐり、依頼を受けて霊視や降霊を行ってきた。そのときに知った依頼者の因果や憑依霊が通常よりも強い影響力を持っていた場合、それらを供養するために、ミコが羽黒山に卒塔婆を持ち込んだのではないか、というわけだ。

今となっては実態はわからないものの、湯殿山にも似たような卒塔婆は残っている。出羽三山が非業の死を遂げた者たちを浄化するために、民間の霊媒師たちに尊ばれていた可能性は十分ある。これもまた、死者の魂がこの山に集まるという出羽三山の信仰が今も生きている証といえるだろう。

本当は怖い日本の聖地

17 逆に回るとあの世行き？四国遍路の掟の数々

▼空海ゆかりの巡礼法

四国には、「**遍路**《へんろ》（八十八ヶ所巡り）」と呼ばれる巡礼の慣習がある。弘法大師空海ゆかりの霊場八十八ヶ所を順に巡る旅である。

当初の四国遍路では、一部の修行者によって、海岸部の霊場を巡礼する「辺路修行」が行われていた。それが一般化したのは江戸時代からだとされている。この頃になると、巡礼者の構成が大きく変化している。修行目的の僧侶や旅行者もいたが、メインとなったのは貧困者、それも病気や心身の障害で郷里を追われた追放者たちだった。

四国遍路には**「お接待」**という風習があった。巡礼者に金品や宿を提供すれば、空海を迎えるの

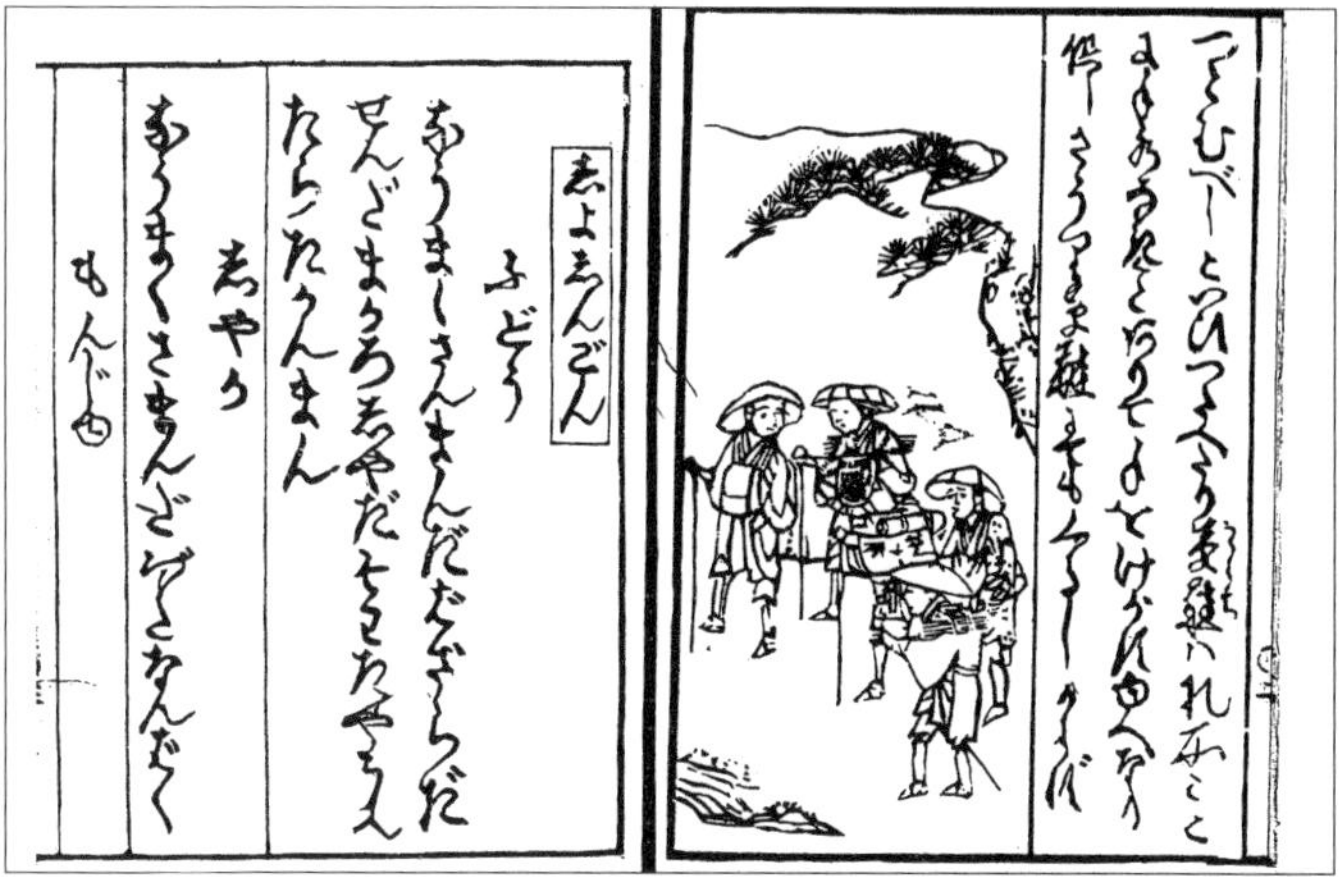

明治時代刊行の遍路の案内書に描かれた挿絵（『四国遍路御詠歌道中記』国会図書館所蔵）

と同等のご利益を受けられる。そんな背景で広がっていた風習だ。これこそが、追放者たちが巡礼者となった理由である。社会保障制度のない前近代では、郷里から追放された貧困者は、厳しい生活を余儀なくされた。病人や体が不自由な者、特に差別が凄まじかったハンセン病患者などは、なおのこと苦労しただろう。こうした社会的弱者たちが、お接待を頼りに遍路へとやってきたのである。

　とはいえ、**誰でも施しを受けられるほど、現実は甘くなかった。**僧侶や健康な巡礼者ならばまともに扱われたが、社会的弱者は病の伝染を恐れた人々によって疎まれた。江戸時代には死者が出た村が埋葬費用を負担することになっていたため、病気や貧困で苦しむ巡礼者は、逆に強い差別を受けてしまったのだ。

　無視されたり追い返されたりするのはまだいいほうで、四国諸藩では２６０年間に約70回もの巡礼者の立ち入り規制を行っている。明治時代になっても、警察が「遍路狩り」と称して巡礼者を弾圧することがたびたびあった。「ヘンド」という差別用語まで生まれ、死んだ巡礼者の処置を隣村同士で押し付け合うことまであったらしい。こうした生活目的の巡礼がなくなったのは、社会保障が充実するようになった1960年代からだという。

▼あの世とつながる巡礼法

そんな四国遍路は観光地化して久しいが、平成になると**「八十八ヶ所を逆に回ると死の世界につながる」**という噂が流れるようになった。

このような噂が広まったのは、おそらく映画の影響だろう。それは1999年に公開された四国を舞台としたホラー映画『死国』である。子どもを亡くした母親が八十八ヶ所を逆回りする「逆打ち」をして、我が子を蘇らせようとする内容だ。内容はもちろんフィクションだが、この逆打ちそのものは創作などではなく、実在する巡礼法である。

通常の巡礼法である「順打ち」とは違い、逆打ちは終着点である大窪寺《おおくぼじ》からスタートし、逆方向に八十八ヶ所を回る。実際にこれを行った、というオカルト話もあるが、実のところ逆打ちに死者とつながる伝承はない。**本来は、順打ちの3倍ものご利益を得られるという巡礼法**なのである。

では、逆打ちのご利益が大きいのはなぜか？　一つには道中が険しくなるからだが、もう一つ、次

衛門三郎と空海の出会いを描いた像。衛門三郎終焉の地と伝わる杖杉庵（じょうしんあん）にある（Reggaeman ／ CC BY-SA 3.0）

の伝承が示すとおり、**空海の助けを得やすい**からだ。

時は江戸時代、戦国大名河野家の末裔・衛門三郎《えもんさぶろう》という男がいた。ある日、男の屋敷に僧侶が訪ねてきたが、三郎はその貧相な姿を見て僧侶を叩き出してしまう。すると三郎は子どもを次々に亡くすという不幸に見舞われた。実は僧侶の正体は空海であり、三郎は空海を無下に扱った罰を受けたのである。

三郎は空海への乱暴を心から後悔し、空海に会って謝罪するため、八十八ヶ所巡りを始めた。だがどれほど遍路を回っても、空海との再会は叶わない。20回目の遍路で逆回りをして追いつこうとしたのだが、疲労からきた病でついに倒れてしまう。その死に際で三郎の前に現れたのが空海だった。そして三郎は罪を許され、息を引き取ったと伝えられている。

神霊や死者の世界とのつながりが深い八十八ヶ所巡り。実行するときは、神仏への敬意を忘れずに。

本当は怖い日本の聖地

18 佐渡島で盛んになった賽の河原の水子供養

▼この世とあの世の境にある賽の河原

仏教では、現世である此岸《しがん》とあの世である彼岸《ひがん》の境目に、**三途《さんず》の川**があると説く。その三途の川の手前にある河原が**「賽《さい》の河原」**だ。

賽の河原では、親よりも先に亡くなった子どもが「石積みの苦」を受けている。現世に残してきた父母の供養のために「一つ積んでは父のため、二つ積んでは母のため」と静かに唱えながら石積みをする。しかし、何度石を積み上げても、地獄の鬼がやってきてそれを崩していってしまう。子どもたちはまた石を積み、それを鬼が崩す。この繰り返しが延々と続くのだ。そこへ現れ、救いの手を差し伸べるのが地蔵菩薩である。そのため地獄信仰は、**死んだ子どもを供養する**意味合いも

佐渡島にある賽の河原

あって非常に尊ばれてきた。

そんな賽の河原に関する伝説が残るのが、**佐渡島**《さどがしま》である。願《ねがい》集落のはずれから海岸沿いを歩いて遊歩道を進んでいくと洞穴があり、その中に賽の河原はある。

18世紀半ば頃に書かれた『佐州巡村記《さしゅうじゅんそんき》』にも登場する洞穴で、奥行き5メートルほどの穴がぽっかりと空いている。子どもを抱えた大きな地蔵が中心に位置し、両側には小さな石地蔵が無数に並ぶ。賽の河原の伝承に倣い、死んだ子を忘れられない親たちが石を積んでいったのだ。

人気がなく、高い岩壁と打ちつける波の音だけが響く、とても静かな場所だ。岩の上には、訪れた人々が置いていった小さな白い地蔵が点々と列をつくり、伝説の哀しさを色濃くしている。洞穴の奥には「血の池」と呼ばれるくぼみまである。

その物静かで神聖な雰囲気からか、不思議な伝承も残っている。ここへ来れば亡くなった自分の子と同じ顔の地蔵が見つかり、愛しい泣き声も聞くことができる、もしくは浜に残された小さな石の塔が、観光客などのいたずらで崩されても翌朝にはもと通りになっているなどの言い伝えである。亡くなった子どもの霊が夜中の内に積み直しているのだろうか。

▼信仰の島・佐渡島

毎年7月下旬、この佐渡島の賽の河原では**「賽の河原祭り」**が行われる。飢えと渇きに苦しんでいる水子・餓鬼を供養する、年に一度の慰霊祭だ。ちなみに賽の河原と呼ばれる場所は佐渡島だけではなく、青森の恐山、鳥取の米子など、日本に数カ所存在する。

佐渡島は本土・北海道・九州・四国・沖縄に次いで大きな島であり、神社仏閣の数は400から500に及ぶともいわれている。京の都から遠く離れていたため、**古くは流刑地として皇族や僧侶が流される場所**で、その影響で京の文化や信仰がたびたび伝わってきたのだ。

すでに奈良時代には官人が佐渡へと島流しにされた他、鎌倉時代には承久の乱で幕府に歯向かった順徳上皇などが流され、室町時代にも能楽を完成させた世阿弥が、将軍の怒りを買って流されている。江戸時代にも島流しの地に指定され、罪人たちは鉱山開発などの重労働に従事させられた。

そのため、寺社や聖地の跡地も多くある一方、鉱山で命を落とす者もおり、「あの世」を感じさ

佐渡へ流罪となった日蓮上人（「中村座新狂言 日蓮上人真実伝之内 佐渡御流罪日良坊師赦免状持参之図」部分）

せる有数の場所といえる。島内の霊場八十八カ所を巡るお遍路もあり、その途中で賽の河原に立ち寄り、祈りを捧げていく人も多いという。

こうした歴史から、佐渡島には数々の信仰が伝わってきたが、**特に地蔵信仰が篤《あつ》い**ことで知られており、島の各所には多くの石地蔵が飾られている。中でも有名なのが、「梨の木地蔵」という地蔵堂だ。安置されている地蔵菩薩は、子どもの病気平癒のために祈願されてきた。そうした心願が成就すれば、小さな「みがわり地蔵」を納めるのが習わしだ。それゆえ、地蔵堂には地面が見えないほど、びっしりと子どもたちの身代わりとなった石地蔵が置かれている。こちらは8月24日に慰霊祭が行われている。

死んだ子どもがあの世で安らかであってほしいという、悲痛なほどの「祈り」が、佐渡島には集まっているのである。

本当は怖い
日本の聖地

19

あの世での幸せを祈った死後婚 ムカサリ絵馬の慣習

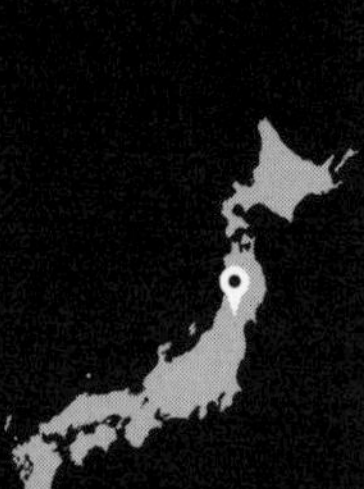

▼死後の結婚を表す絵馬

最上《もがみ》三十三観音札所の一番目に数えられる、山形県天童市の若松寺《じゃくしょうじ》。縁結びのお寺として有名だが、境内にある「絵馬堂」には、なんと**死後の結婚（冥婚《めいこん》という）を表す絵馬**が存在する。それが、**「ムカサリ絵馬」**というものだ。

「ムカサリ」とは、山形県の方言で「婚礼」を意味する。ムカサリ絵馬奉納の歴史はそれほど古くはなく、江戸時代から明治時代の間に始まった風習のようだ。海外にも死後婚の風習はあるが、日本の場合、**未婚の死者を供養する意味合いが強い**。遺族が「せめてあの世で結婚できますように」と、結婚式や結婚生活を描いた絵馬を奉納するのだ。多くは専門の絵師が手掛けているが、最近で

若松寺の絵馬堂に納められたムカサリ絵馬（若松寺提供）

は遺族が描いたものや、合成写真も増えているようだ。

現在では、ムカサリ絵馬は全国各地から奉納されている。絵馬堂に安置されたムカサリ絵馬の数は1300以上。本坊に納められた供養中の絵馬を含めると、さらに増える。最上三十三観音札所には同様の絵馬を安置する寺院が他にもあり、この地域の風習として根付いているようだ。なお、岩手県遠野市にも死後の幸福な生活を描いた絵を納める「供養絵額《くようえがく》」という風習があったが、大正時代を最後に途絶えてしまっているようだ。

さて、死者の冥福を祈る風習として大切にされてきたムカサリ絵馬だが、奉納する際には注意すべきことがある。奉納時には死者本人の名前や享年も記すことになるが、この際、**死者の結婚相手として、実在の人物は絶対に書いてはいけない**。仮に生前、恋人がいたとしてもだ。もしも生きている人の名前を書いてしまうと、その人まで冥府に引きずり込まれてしまうという。

ここに、日本の冥婚の特徴が表れている。海外の冥婚では、相手も実在の人物が選ばれるが、日本の場合はそれが避けられているのだ。東北の人々にとって、死者は弔いの対象であると同時に、生者を死の世界へと引きずり込む、恐ろしい存在だったのかもしれない。

▼人形による冥婚供養

冥婚による供養は、青森県つがる市の弘法寺《こうぼうじ》でも行われている。弘法寺は「西の高野山」と呼ばれている青森の修験道場で、山伏《やまぶし》が熱湯や炎で身を清める「火性三昧祈祷」が有名だ。この場所に、数十年前から「人形堂」という御堂が置かれており、内部には花嫁・花婿を模した人形が安置されている。そう、弘法寺では絵馬ではなく、**人形を使って死者を供養する**のだ。

人形婚は1950年代から60年代に始まった、かなり新しい供養である。太平洋戦争における戦死者の遺族が人形を納めたのが始まりだといわれ、当初は郷土人形が使われていた。1970年代半ば頃に青森県の各地へと広まり、80年代前後に現在の人形堂が建てられた。

現在はガラスケースに入った婚礼人形が主流だ。ケース内には故人の写真や生前に好きだったものの、二人の子どもを模した小型の人形が入れられることも多い。

もちろん、ムカサリ絵馬と同じく結婚相手は架空の人物である。人形を納められない遺族は代わ

川倉賽の河原地蔵尊。奉納された地蔵が大量に安置されている

りに絵を奉納することも可能で、ムカサリ絵馬の影響を思わせる。

元々津軽地方には、**子どもを亡くした親が、我が子に見立てて地蔵を奉納する風習があった。**川倉賽《かわくらさい》の河《かわ》原《ら》地蔵尊はそうした奉納先の一つで、境内には大量の地蔵が置かれている。

人形婚はイタコなどの民間霊能者が勧めて広がったというが、故人を「ヒトガタ」に見立てて供養する風習がこの地にあったからこそ、広く受け入れられたのだろう。

おそろしいタブーはあるものの、ムカサリ絵馬も人形婚も、身内の死後の幸福を願って始まったことは間違いない。生前は異性に縁がなくとも、あの世では幸せな結婚生活を過ごしてほしい。これらの風習には、そうした遺族の切なる願いが込められているのかもしれない。

本当は怖い日本の聖地

20 遺体が捨てられる場所だった 化野念仏寺

▼埋葬方法の移り変わり

厚生労働省の発表によると、日本全国の火葬の割合は、なんと99%を超えている。キリスト教国をはじめとした海外諸国と比べるとその比率は著しく高いが、火葬の歴史は意外と浅く、一般化したのは明治時代以降である。

8世紀初頭に火葬された僧侶がいたが、この頃に火葬の対象となったのは設備や手間の問題から一部の権力者や富裕層のみで、**明治時代の終わり頃まで、一般庶民は土葬や遺棄葬で葬られるのが一般的だった。**

遺棄葬とは、山奥や人里離れた場所へ遺体を捨てる葬送である。京の都のような都市周縁部にも

化野念仏寺にある石塔群。西院の河原と呼ばれている（663highland ／ CC BY-SA 4.0）

遺棄葬のための空間や埋葬地は用意され、時には死者供養の寺院が建てられた。そのうちの一つが**化野念仏寺**《あだしのねんぶつじ》だ。

▼風葬地を供養する寺

平安京周辺の山麓や平野には、「三大葬送地」と呼ばれる三つの葬送地があった。その一つが、現在の京都市右京区にある「化野」だ。化野念仏寺は、この地に葬られた人々を弔うために建立された。

寺の縁起によると、境内の周辺は元々は風葬によって荒れ果てた地域だった。風葬とは、死人をそのまま放置する葬送だ。死体に花が供えられるようなこともあったが、基本的には棺桶にも入れられず、遺体は野ざらしにされる。現在の感覚からすれば死者に罰当たりな気もするが、貧しい庶民にとってはこれが当たり前だったようだ。

そうして遺棄された死体は、野生動物の恰好の餌となった。死体の一部をくわえた野犬が家屋に侵入することも珍しいことではなく、疫病や飢饉が起きれば平安京の道端にまで死体があふれる状況だった。**化野の惨状は世の儚さにたとえられ、「化野の露《つゆ》」という表現まで生まれている。**平安から鎌倉時代の書物にこの表現が頻出していることから、この地の惨状はかなり有名だったのだろう。

そうした化野の遺体を供養したと伝わるのが、弘法大師空海である。弘仁年間（810年から824年）に化野を訪れた空海は、野ざらしの死者に憐れみをおぼえ、埋葬をするとともに如来像と石仏を埋めた。1000体にもなるという石仏は密教世界を表現したとされ、そこから建立された寺が化野念仏寺の始まりだという。

その後も鎌倉時代の僧侶・法然が念仏道場を開くなど、鎮魂の場としてこの地は神聖視された。境内周辺からは供養に使った石仏が出土することも多々あり、かつてこの地が巨大な埋葬地であった事実を物語っている。

▼戦後に始まった千灯供養

平安時代の終わり頃には風葬は減り、代わりに石塔を墓石替わりにした土葬が増えていく。古くから葬送の地であった化野念仏寺でも石塔は増加していき、現在では約8000本もの石塔が、十三重の石塔を囲むように置かれている。それらに蝋燭《ろうそく》を灯して死者を供養する儀式が、**「千灯供**

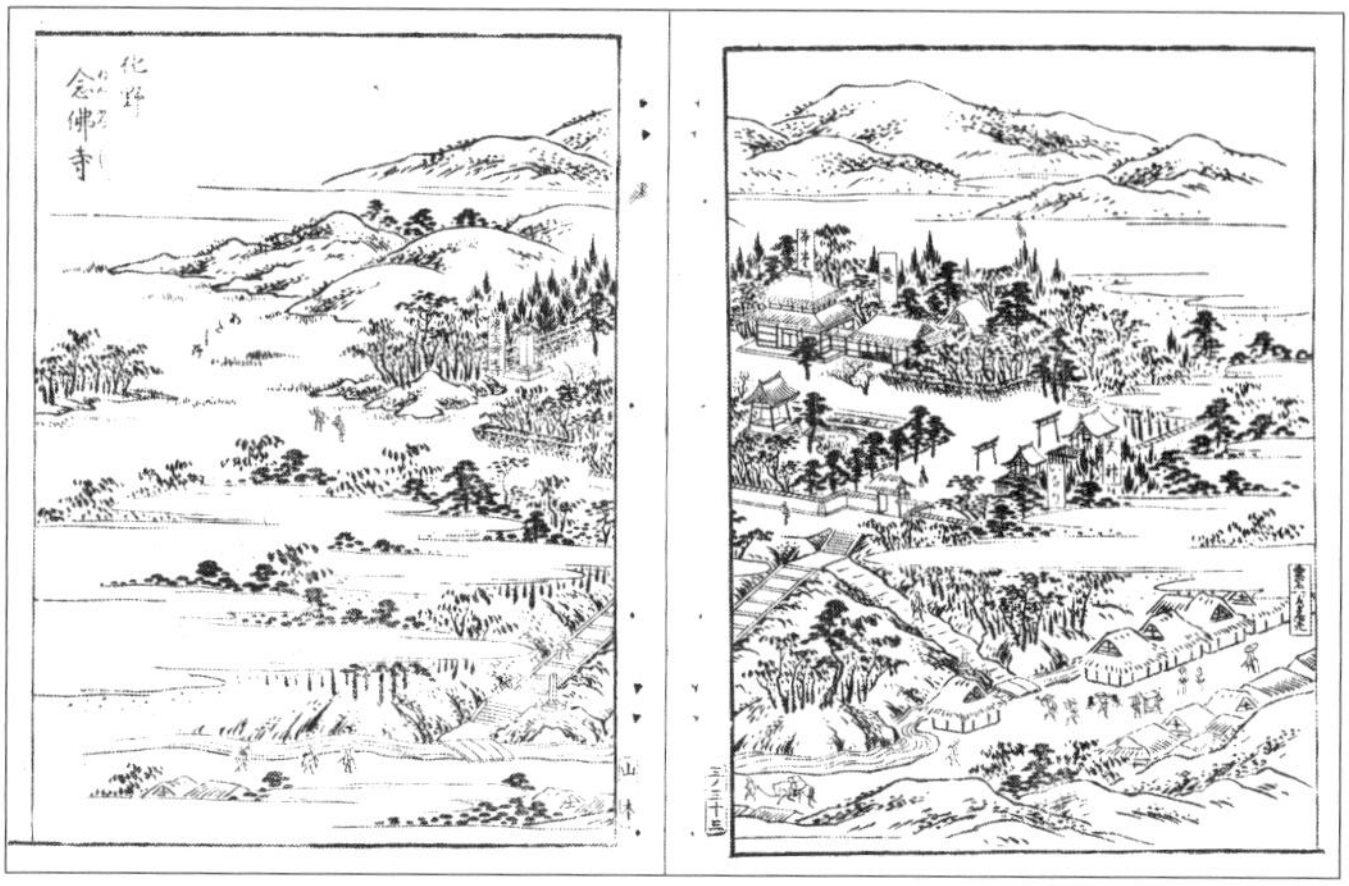

18世紀末の名所図に描かれた化野念仏寺（『都名所図会』国会図書館所蔵）

養」である。千灯供養の始まりは戦後の1949年と新しいが、目的は無縁仏の冥福と転生を願う神聖な儀式であり、これを見ようと現在も多くの参拝者が訪れる。

石塔は化野の地に散在していたが、1902年から2年をかけて寺に集められた。十三重の塔が建てられたのは、その約10年後である。

これらの石塔群と十三重の塔には、**「西院の河原」**という呼び名もある。死んだ子どもが小石を積み続けては鬼に崩されるという、賽の河原に由来している。確かに、無数の石塔が立ち並ぶ光景は子どもたちが作った石積みのようで、緊張感が伝わってくる。

石塔の写真を撮ったら気分が悪くなったと心霊スポットのように語られることもあるが、この寺に呪いや怨霊に関する伝承は一切ない。恐ろしいイメージがともなっているものの、本来は死者の救済を願うための寺院なのである。

本当は怖い日本の聖地

21 夢に見ると命を落とす出雲の葬送場所だった猪目洞窟

▼夢に見たら死ぬ洞窟

見たら不幸なことが起きる――。そんな「見てはいけない」タブーは、世界中の伝承や慣習の中にある。たとえば日本神話にも、妻から出産する姿を見ないでほしいと忠告された山幸彦《やまさちひこ》が、小屋を覗いて巨大なサメとなった妻を目撃する話などがある。

こうしたタブーを犯した場合、多くは恋人や家族と離れ離れになるという報いを受ける。山幸彦のもとからも、妻は姿を消して二度と戻らなかった。だが、それぐらいで済んでよかったといえるかもしれない。**島根県出雲市の「猪目洞窟《いのめどうくつ》」は、夢に見ただけで死んでしまうという伝承があるのだ。**

猪目洞窟は、縄文時代から弥生時代にかけての人骨や土器が多数見つかっており、かつては葬儀

夢に見ると死ぬと伝わる猪目洞窟。1948年に発見された

場だったとみられている。古代出雲の神話や歴史をまとめた『出雲国風土記《いずものくにふどき》』にもこの地とおぼしき場所が描かれており、人々はこの場所を「黄泉《よみ》の穴、黄泉の坂」と呼んでいた。

猪目洞窟の一寸先も見えない闇を見た古代人は、生者が死の世界に引きずり込まれると連想して、この地を葬送地にしたのかもしれない。

▼現実の一部であった夢

それにしても、夢で見ただけで命を落とすというのは厳しいが、そこには古代人の夢に対する考え方が表れていると考えられる。

現代では、夢はあくまで非現実的なものだが、古代人にとっては現実の一部であった。夢とは「イメ」が訛った言葉だとされており、その意味は睡眠中の「目」である。古代人は夢を自分の目で体験しているものと考え、そこで見るものは神や霊の世界との交わりであると捉えた。僧侶・神官が夢で神仏のお告げを受け取る話や、死んだ者と交信した話が多々あるように、古代から中世までの人々にとって、夢とは神や霊の世界と交わる手段でもあり、もう一つの現実だったのだ。

国津神《くにつかみ》（地上の神）の最高神の大国主が幽世《かくりよ》の管理者となったように、**出雲は元々あの世との関りが深い土地柄である**。冥府への信仰と夢の捉え方が絡み合って、猪目洞窟が夢ですら見てはいけないものとされてもおかしくはない。

▼冥府へと続く出雲の地

松江市にある**「黄泉比良坂《よもつひらさか》」**も、かつてイザナギが封じた死者の世界への入り口だという伝承がある。国生みの後、島々を守る神を生む最中に、妻のイザナミが火の神の出産で大火傷を負い死んでしまった。妻の死を嘆いたイザナギは、イザナミを連れ戻すために黄泉の国へと向かった。しかしイザナミは黄泉の食べ物を口にしたと一旦は断り、黄泉の神々に許可を貰ってくるまで私の姿を見るな、と頼んだ。イザナギは初めのうちこそ約束を守っていたが、ついには痺れを切らして彼女の後を追ってしまった。その先で見たものは、体中に蛆《うじ》と雷神がたかり、体中が腐りはてたイザナミの姿だった。

悲鳴をあげて逃げた夫にイザナミは怒り狂い、黄泉の軍勢を差し向けた。イザナギは剣を抜いて

松江市東出雲町にある、黄泉比良坂があったという伝承の地（Nobuyuki Kondo/CC BY 2.0）

全速力で逃げ、桃を投げつけ軍勢を撃退すると大岩を持ち上げ黄泉への入り口を塞いだとされる。

その入り口というのが黄泉比良坂で、そこには入り口を塞ぐために使ったという千引岩《ちびきのいわ》がある。猪目洞窟と違って現実や夢で見ても死ぬことはないが、それ以上に恐ろしい逸話が残っている。

夫に逃げきられたイザナミは大岩の向こうで怒り狂い、現世に呪いをまいたのだ。

「お前の国の子らを一日に1000人絞め殺そうぞ」と呪詛を吐く妻に、イザナギは「ならばこちらは一日に1500人の産屋をたてるとしよう」と返したという。こうして人間に死の概念が根付いたと日本神話は語っている。

夢を通じて魂をあの世へ誘《いざな》う猪目洞窟と、人間に死を植え付けた黄泉比良坂。冥府とつながりの深い地が多数ある出雲は、まさに死の聖地でもあるのだ。

本当は怖い日本の聖地

22

退路を断って小舟で海へ 浄土を目指した補陀落渡海

▼究極の苦行と尊ばれた補陀落渡海

紀伊半島南部には、神霊が宿る地として古くから神聖視されてきたエリアがある。それが熊野三山だ。熊野三山とは熊野本宮大社《くまのほんぐうたいしゃ》、熊野速玉大社《くまのはやたまたいしゃ》、熊野那智大社《くまのなちたいしゃ》の三社で、日本神話ではスサノオが冥界に赴く前に足を運んだ場所として描かれるなど、古くからあの世とこの世をつなぐ聖地と見なされてきた。この聖地で行われてきた究極の捨身業が、**補陀落渡海《ふだらくとかい》**だ。

補陀落渡海とは、**僧侶が単身乗り込んだ小舟を、大海原へ流す修行**である。僧を待ち受けているのは死のみ、いわば生きながらの水葬だ。

落命も厭わぬすさまじい行は、「海の彼方には理想郷が存在する」という日本古来の価値観と、

那智の海に浮ぶ弁天島。この那智の海で補陀落渡海が行われていた

理想的な来世への到達を願う浄土信仰とが結びついて生まれたと考えられる。

補陀落は「観音菩薩が降臨する浄土」を意味するサンスクリット語「ポータラカ」の音写で、古代インドの南方の海上に存在するとも、中国の観音霊場である普陀山《ふださん》や洛迦山《らかさん》に存在するとも伝わってきた。聖なる地への到達を命と引き換えに目指すのが補陀落渡海なのである。

補陀落渡海の記録は、高知県の足摺岬《あしずりみさき》や室戸岬《むろとみさき》、博多湾など日本の各地で見られるが、大半は熊野で行わた。那智大社の祭神・熊野夫須美神《くまのふすみのかみ》が観音菩薩の化身と見なされたことと、無関係ではないだろう。

この過酷な渡海の出発点となったのは、那智の浜辺から近い場所に位置する**補陀洛山寺**《ふだらくさんじ》である。寺には復元された渡海船が展示されているが、その全長はわずか6メートルほど。大海原に放たれるには、あまりにも頼りない大きさである。船内には屋形が取り付けられており、その四方を鳥居が囲んでいる。この四門をくぐることで浄土に往生できると考えられた。

渡海は冬季の夕刻に行われるのが一般的で、僧にはおよそ30日分の食糧と照明用の灯油だけが与えられる。いざ僧侶が船に乗り込むと、屋形の戸口に釘が打ちつけられる。そして、曳船に引かれて渡海船は出航。浜から4キロほど離れた沖で引き綱が切断される。船上に漕ぎ手はいないため、後はただ漂流するのみ。僧侶は狭い屋形の中でかすかな灯を頼りにひたすら読経し、やがて入水の時を迎えるのである。現在の感覚では自殺行為にしか思えないが、**これを見た当時の人々からは、究極の苦行として尊ばれたという。**

▼渡海で生き延びた僧、溺死させられた僧

熊野三山の歴史を伝える『熊野年代記』によると、補陀落渡海を最初に行ったのは慶龍上人《けいりゅうしょうにん》という僧で、貞観《じょうがん》10（868）年のことであった。これを皮切りに享保《きょうほう》7（1722）年の宥照《ゆうしょう》上人に至るまで、少なくとも20名の僧侶が補陀落渡海を行ったと記録されている。

また、僧侶以外の実施例も記録されている。鎌倉時代の歴史書『吾妻鏡《あづまかがみ》』には、下河辺行秀《しもかわべゆきひで》という御家人が、源頼朝の前で鹿狩りに失敗したことを恥じて出家、後に補陀落渡海に至ったと記されている。歴史書ではないが『平家物語』でも、平清盛の孫・維盛《これもり》が、源氏との戦いで大敗した後に

補陀落渡海を描いた曼荼羅（「那智参詣曼荼羅」部分／熊野那智大社所蔵）

紀伊に逃亡し、那智で入水したことが記されている。
こうした死出の旅で往生を願った人々の中には、奇跡的に生き延びた者もいた。16世紀の僧・日秀《にっしゅう》上人はそのひとりで、那智の浜を離れた後、琉球まで漂流し、現地の住民に救助されたという。その後、日秀上人は琉球の地で布教活動を行い、金武観音寺《きんかんのんじ》の建立や波上宮《なみのうえぐう》の再建に尽力したと伝わる。
中には補陀落渡海を拒む僧侶もいたが、その末路は悲惨だった。16世紀末に補陀落渡海に挑んだ、金光坊《こんこうぼう》という僧がいる。途中で屋形を打ち破って船から脱出しているが、付近の小島にたどりついた金光坊を信者は許さなかった。金光坊は海に突き落とされ、結局は命を落とす羽目になったのだ。
この惨事をきっかけに、僧の存命中の渡海は禁止されるようになった。その後は住職が死亡すると、亡骸を船に乗せて水葬する形式に改められたという。

第三章　言ってはいけない聖地の呪い

本当は怖い日本の聖地

23 丑の刻参りで恨みを晴らせ 呪いの聖地・貴船神社

▼藁人形に五寸釘を打ち込む呪術

恨みを晴らす呪術として、日本で古くから**「丑《うし》の刻《こく》参り」**が行われてきた。丑の刻の午前2時頃、憎む相手の髪か爪を入れた藁人形を、神社の境内にある木に押し付けて五寸釘を打ち込む。これを7日間続けることで、相手に呪いをかけることができるという。手足に釘を打てば四肢にけがをし、頭から打てば頭に病が起きるといわれている。ただし、丑の刻参りを行う姿は決して誰にも見られてはならない。もしも見られてしまうと呪いが消滅するどころか、かけるはずの呪いがすべて自分に降りかかるという。

この恐ろしい呪いの発祥の地とされるのが、京都の**貴《き》船《ふね》神社**だ。約１３００年以上前の天智天皇

貴船神社本宮へ向かう参道。境内には和泉式部の歌を刻んだ石碑がある

5（666）年に社殿を建て替えた記録があることから、創建されたのはさらに古いと考えられる。なぜそんな由緒ある神社が、呪いの儀式のメッカになってしまったのだろうか？

▼嫉妬のあまり鬼になろうとした姫

元々丑の刻参りは、呪詛を目的としたわけではなかった。平安時代の歌人・和泉式部《いずみしきぶ》が貴船神社で丑の刻参りをしたという記録があるが、その目的は恋愛成就であったという。もちろん、藁人形に釘を打ち込むという、おどろおどろしい行為はなかった。

丑の刻参りが呪いのイメージと結びついたのは、『平家物語』や神道の講釈書などに登場する、**宇治の橋姫《はしひめ》**の影響である。

宇治橋の近くに住む公卿の娘・橋姫は、容姿は美しかったものの、とても嫉妬深い性格だった。将来を誓い合っていた男がいたが、突然婚約の解消を告げられてしまう。男は別の女性と深い仲になり、橋姫を捨てたのである。

愛しい人を奪われた橋姫は心の底から嘆き悲しみ、その女性に激しい嫉妬と恨みを募らせていく。そしてついに復讐を画策。貴船神社に「鬼にしてほしい」と頼むため、幾日も丑の刻参りを続けた。すると、橋姫の前に貴船の神が現れ「宇治川に21日身を浸せ」と助言した。それに従い宇治川に沈んでいくと、橋姫は21日目、本当に鬼となったのである。

鬼と化した橋姫は浮気相手の女性を呪い殺すと、次いで愛した男とその一族をまとめて呪殺。遂には目につくすべての人間を殺していったという。

事件を知った人々はあまりの嫉妬心に恐れ慄き、橋姫の怒りを鎮めるため橋姫神社を建立。瀬織《せおり》津姫《つひめ》として宇治橋に彼女を祀ることになった。

▼いまなお残る五寸釘の跡

橋姫伝説は、数百年をかけて日本文化の中に溶け込んでいった。室町時代には橋姫伝説をもとに**「鉄輪《かなわ》」**という能楽の演目が作られ、丑の刻参りは恋愛関係の呪法として徐々に認知されていく。江戸時代初期の『仮名草子《かなぞうし》』では貴船神社は病気平癒の祈願所として描かれているものの、庶民文化が成熟する江戸時代中期以降、丑の刻参りは浮世絵や読み物で恨みを晴らすための呪術として描

橋姫伝説をもとにつくられた能楽・鉄輪（「能楽図絵 鉄輪」国会図書館所蔵）

かれるようになっていく。

本来の貴船神社は水神を祀り、古くから全国の料理・調理業や水を取扱う商売の人々から信仰されている神社である。さらには、貴船神社の祭神には縁結びの神と呼ばれる磐長姫命《いわながひめのみこと》もおり、嫉妬の恨みどころか恋愛成就のご利益があるとされている。

しかし、呪いの聖地として有名になった貴船神社には、**今でも呪いの跡が多く見られる。**釘を打ちつけたような丸い穴がいくつも開いている木や、ときには藁人形まで見つかることもあるらしい。特に、龍の穴が存在し非常に強い気が集まる場所として知られている奥宮は、荘厳なムードが漂い、独特の恐ろしさと緊張感が漂っている。

ただ、いくら許せない相手がいたとしても、呪いの儀式をすると、最悪の場合、脅迫罪となる場合もあるので要注意だ。

本当は怖い
日本の聖地

24 環境汚染からたたり話が生まれた？ 初鹿野諏訪神社のご神木の秘密

▼神々が宿る樹木

古来、日本では神々が天から降臨すると、地上に留まるために何らかの物体に憑依すると考えられた。そうした神霊の憑依物を**「依代《よりしろ》」**という。これらをあがめ奉ることで、神のご加護を得られると信じられていた。神社で祀られる鏡はその代表だが、樹木のような自然物にも、神が宿ると考えられた。神社でご神木を神聖視するのもそうした自然信仰の名残である。

現在では観光名物として人気を集めるご神木もあるが、一方で、樹皮が切り取られるといった問題行為に寺社が悩まされるケースも増えている。しかし、神の宿る木に乱暴を働くと、どんなたたりがあるかもわからない。現に、山梨県には**村を丸ごと滅ぼしたというご神木が存在する**のだ。

線路まではみ出した初鹿野諏訪神社のご神木

▼諏訪神社のたたり話

長野県の諏訪大社《すわたいしゃ》は、全国1万以上の分社を数える諏訪信仰の総本社である。農耕の神、水の神、武の神などの性格を持ち、関東や北陸を中心に広く信仰されている。山梨県甲州市の諏訪神社もそうした分社の一つで、古い地名を冠して**「初鹿野《はじかの》諏訪神社」**とも呼ばれている。その裏側に立つ朴《ほお》の木が、一つの村を滅ぼしたと伝わるご神木である。

このご神木には、ヤマトタケルに関係する伝承がある。東国遠征に出陣したヤマトタケルがこの地で休息をとったとき、地面に刺した杖が発芽して、現在のご神木になったと伝わる。神話のロマンを感じるが、それ以上に気になるのは、たたりの話だ。

切ろうとしたらたたるという木は全国にも多々あるが、この神社は葉を拾うだけで集落を滅ぼすほどに強力であり、恐ろしい伝承が数多く残っている。

1905年には川久保集落の村人が神社で拾った木の葉で柏餅を作ったところ、伝染病が流行って村が全滅。生き残った住人も数年後に水害で離散したという。1953年には電車との接触が懸念された枝を伐採したところ、作業に関わった四人が事故や病気で命を落とし、地元民の一人が水の事故で死亡した。このときはお祓いをしたうえで作業したが、効果はなかったようだ。さらに1968年に神社近辺の大和中学校の修学旅行のバスがトラックと衝突し、男子生徒三人を含む六人が死亡する大事故が発生。このときも国鉄がご神木の伐採を計画したとも、職員が現地調査をしていたともいわれている。このバス事故以降、ご神木の撤去が計画されることはなくなった。現在、神社隣の線路は金属製の囲いで枝葉と電車の接触を防いでいる。

▼鉄道と呪いの関係性

このように、20世紀以降はご神木のたたりともとれる現象が何度か起こった。ただ、この呪いには不可解な点もある。案内板では、古くから恐れられた木と記されているものの、明治時代以前の呪い話は全くない。**ご神木は、近代に入ってから急に「呪いの木」として扱われている**のだ。

なぜ近代化以降に呪い話が広まったのか？　それを解き明かすヒントは鉄道にある。呪いは1905年から始まるのだが、実はその2年前に国鉄の中央本線が開通していた。当時の鉄道は石炭で動く蒸気機関車で、煙突から吐き出す煤煙は動植物に有害だ。線路は神社のすぐ近くを通るの

初鹿野諏訪神社近くにある笹子トンネル

で、必然的に煙や振動でご神木は被害を受けてしまう。

そうした汚染の強さを示す遺物が境内に残っている。

かつて、この神社には樹齢371年の「初鹿野大杉」という大木があり、「甲州街道三本杉」の一本として、近隣住人に親しまれていた。この木が元はご神木だったともいわれているが、残念ながらすでに存在しない。煤煙《ばいえん》と振動の汚染で戦前に枯れてしまい、切り株だけが当時の面影を残している。

大木が枯死するほどの環境汚染は、近隣住人にも大きな被害を与えた。その憤りが鉄道会社に向けられた結果、偶然に起きた事故や災害が、ご神木の呪いだとして広まるようになったと考えられる。

環境被害はすでに過去のものだが、神社は今でも山梨県有数の心霊スポットとして知られている。怖いもの見たさで見物にいくとしても、神聖なご神木を敬う気持ちは忘れずにいたい。

本当は怖い日本の聖地

25 男女で泳ぐと嫉妬で殺す野尻湖の弁財天

▼水難を起こす女神の嫉妬

世界各地の神話には、嫉妬深い女神が必ずといっていいほど登場する。ギリシャ神話のヘラはその代表で、夫ゼウスと関係した女神たちに、次々と不幸をもたらしている。日本の神も例外ではなく、広島県宮島にある厳島神社に恋人と参拝すれば、祭神である三柱の女神が嫉妬して男女を破局させるという伝承が残っている。しかし、破局させられるぐらいなら、まだいいほうかもしれない。**長野県の野尻湖には、嫉妬のあまり男女を水底に引きずり込む神がいる**のだ。

野尻湖に鎮座する嫉妬の女神は、厳島神社の祭神でもある**市杵島《いちきしま》姫命《ひめのみこと》**である。野尻湖に弁天島と呼ばれる小島があり、この島の宇賀《うが》神社に祀られている。正式名称は琵琶《びわ》島というが、市杵島姫

野尻湖に浮かぶ弁天島

命は**弁財天**の化身とみなされているため、弁天島と呼ばれているわけだ。

もし、野尻湖で男女が泳げば、急に水流が変わって水底に沈んでしまう恐れがある。嫉妬した弁天様の仕業である。気に入られた男はそのまま溺れてしまうが、女性は解放されて助かるといわれている。女性が溺死するという説もあるが、いずれにせよ、弁天様の怒りで男女に死がもたらされる点は同じである。

弁財天は音楽や芸能を司る仏神だが、もともとはヒンドゥー教の水神だった。水神は農作物に恵みをもたらす一方、豪雨をもたらし河川の氾濫を招き、農地を飲み込んでしまう。そのため、人々に災いをもたらすとして、恐怖の対象になることもあったのだ。

野尻湖の弁財天の伝承は、神聖な湖を守るために生まれたと考えられる。**宇賀神社を囲む野尻湖はそれ自体が神域のようなもの**なので、むやみに人が立ち入らないよう、嫉妬話が語られるようになったのかもしれない。また、野尻湖は水深が非常に深いところが多く、泳ぎが得意な人でも溺れることが珍しくない。そのような水難事故を目撃した人々が、女神の嫉妬として語り継いだのかもしれない。

▼城下を滅ぼした龍神の伝説

野尻湖に残る伝説は、弁天様にまつわるものだけではない。**周辺にある黒姫山《くろひめやま》は、龍神が移り住んだと伝わるパワースポット**だ。文献によって違いはあるが、大まかな内容は次のようなものだ。

時は戦国時代、野尻湖近辺を治めていた高梨政盛《たかなしまさもり》には、黒姫という娘がいた。ある日、政盛が家臣と黒姫を連れて東山で花見をしたところ、小さな白蛇が現れた。その蛇に黒姫が酒を飲ませると、真夜中に一人の青年が城に現れる。大沼池の黒龍と名乗る青年は姫に結婚を申し入れるが、政盛は人間ではない者に嫁がせられないと断った。しかし黒龍は何日も城を訪ねては必死に求婚。ついには「結婚を許してくれるならば一族で御家をお守りするが、もし断れば領地を災厄が襲うだろう」と脅迫じみた要求をしている。

領地と姫を守るために、政盛はこんな提案をした。「馬で城を21周する自分に付いてこられたら結婚を許す」と。青年はこれを承諾したが、実は政盛の罠だった。城外周に仕込ませていた刀で黒龍の体は切り刻まれ、完走はできたが瀕死の状態となったのだ。

野尻湖周辺。黒姫山は標高2000メートルを超える火山で、信濃富士の異称がある

「池に帰れ。さもなくば斬る」

罵声を浴びせる政盛に黒龍は怒り狂い、龍神の姿に戻ると大嵐を起こして周辺の湖を一斉に氾濫させた。村々が押し流されると黒姫は城から飛び出し、結婚をするから嵐を止めるように懇願。すると嵐は瞬く間に止み、黒龍は黒姫を連れて山に移り住んだ。麓の湖である野尻湖では今も黒龍と姫が暮らしていると伝えられている。

龍は古来、水神としてあがめられ、激しい水害が起きると人々はそこに龍の怒りをみた。野尻湖一帯は**「水内」**（「みのち」「みぬち」など）と呼ばれてきたが、これは水霊を意味する**「水主」**から生まれたといい、水と密接にかかわってきたことが窺える。当然ながら水害も頻発したと考えられ、城下が被害を受けることも、貴人が犠牲になることもあっただろう。そうした悲劇が龍の伝説として語り継がれたとしても、不思議ではない。

本当は怖い日本の聖地

26 平安京を脅かした鬼の首が首塚大明神で呪いをかける

▼日本でもっとも有名な怪物

鬼の姿といえば、「頭に角をはやして金棒を担いだ大男」というのが定番だが、そうしたイメージが根付いたのは江戸時代になってからである。元々は古代中国で恐れられた悪霊で、日本でも人間に厄をもたらす目に見えない霊的な存在だと思われていた。やがて仏教の悪神と同一視され、外見が醜い者、集落外のよそ者、野盗や山賊も鬼と呼ばれるようになっていく。こうした多様なイメージが、妖怪としての鬼になっていったと考えられる。

そんな鬼を祀っているのが、京都の**「首塚《くびづか》大明神《だいみょうじん》」**だ。地元では病除けの神社として信仰されているが、実は京都有数の心霊スポットとしても知られている。**鳥居を不用意にくぐると、鬼の首**

鬼の首を祀ると伝わる首塚大明神（aki0526 / PIXTA（ピクスタ））

に崇られるといわれているのだ。

▼平安京を脅かした鬼神

首塚大明神があるのは、大枝山《おおえやま》と呼ばれる標高480メートル級の山の麓である。一見すると鬱蒼とした森にあるただの小さな社だが、ここは平安時代から語り継がれる伝承と関係が深い。

時は平安時代中期、丹波国《たんばのくに》（京都府と兵庫県の一部）の大江山《おおえやま》に鬼がいた。常に酒を好んでいたことから、鬼は**酒呑童子**《しゅてんどうじ》と呼ばれていた。酒呑童子はとてつもない力を持ち、大勢の部下を引き連れては都を襲い、金品や女性を奪っていたという。

鬼の横暴に困り果てた朝廷は、ついに対策に乗り出した。陰陽師・安倍晴明《あべのせいめい》の力で本拠地を突き止めると、源氏武士団の棟梁・**源 頼光**《みなもとのよりみつ》に討伐を命令。頼光は坂《さか》田金時《たのきんとき》、渡辺綱《わたなべのつな》、卜部季武《うらべのすえたけ》、碓井貞光《うすいさだみつ》の四天王を引き連れて大江山に攻め込んだ。

とはいえ、力でまさる鬼が相手では、正面からぶつかっても分が悪い。そこで頼光は、道中で出会った僧侶たちの助けを得て山伏に変装。山で遭難したので泊めてほしいと酒呑童子の住む山城を訪ねた。山を修行場とする山伏は、山に住む鬼の世界に近い存在だったので、酒呑童子は快く門を開き、5人を酒宴に招待した。

頼光は酒宴が進んで酒呑童子が酔いつぶれたのを見計らい、山伏の酒と称して毒薬を飲ませた。その効果で悪酔いした酒呑童子は自室に戻って眠ってしまう。これをチャンスと頼光たちが一斉に室内へと攻め込むと、激怒した酒呑童子は五本角の怪人となって戦ったものの、満足な力も出せずにとうとう首を切り落とされてしまう。これが、室町時代に成立したという『大江山酒天童子（大江山絵詞）』に記された鬼退治の顛末である。

▼都行きを拒んだ首のたたり

『大江山酒天童子』によると、酒呑童子の首は天皇に献上されて宇治の宝蔵に封印されたという。しかし、首塚大明神の伝承では異なる結末を迎えている。

酒呑童子を退治した一行が帰路についたとき、**老ノ坂峠**《おいのさかとうげ》付近にあった子安地蔵が頼光たちに「不浄なる首を天子様がおられる京に持ち込んではならぬ」と忠告した。それと同時に首が急激に重く

源頼光らに退治される酒呑童子。切り落とされた首が最後の力を振り絞って頼光に襲い掛かっている（「大江山酒天童子絵巻物」国会図書館所蔵）

なり、四天王一の怪力を持つ坂田金時ですら持てなくなったので、頼光はやむなく近辺に埋葬することにした。その埋葬地が首塚大明神の始まりだといわれている。境内には首が埋まっているという土盛が今も残っている。

平安時代の老ノ坂峠は悪しきものを防ぎ、都の邪気を浄化するための祭祀を行う「四境の地」の一つだった。悪しきものとは、主に疫病のことである。鬼は疫病神でもあったため、有名な酒呑童子を祀ることで、疫病を未然に防ごうとしたのかもしれない。

また、都から離れた神社周辺は人の出入りがまばらで、山賊の出没地として危険視されていた。都の人からすれば、現実から離れた異界だっただろう。

鬼が相手では、軽い気持ちで鳥居をくぐっただけであっても、恐ろしい呪いにみまわれるということなのかもしれない。

本当は怖い日本の聖地

27 聖徳太子の怨霊を鎮める？謎多き法隆寺の過去とは

▼怨霊になった聖徳太子

奈良県斑鳩町《いかるがちょう》にある**法隆寺**は、現存する世界最古の木造建築群であり、世界遺産にも登録されている古刹《こさつ》だ。創建は推古《すいこ》天皇15（６０７）年と伝えられ、厩戸王《うまやどのおう》（聖徳太子）の宮殿に接した寺院を始まりとする。

実に１４００年以上の長い歴史を持つがゆえ、法隆寺には不思議なエピソードが付いて回り、その解釈をめぐってさまざまな説が考えられてきた。その一つが、**法隆寺は聖徳太子の怨霊を鎮めるため、位置や方角をあえてずらして建てられた**、という説である。多くの偉業を成し遂げた聖徳太子が怨霊とは穏やかではないが、一体どんな理由があるのだろうか？

現存する世界最古の木造建築・法隆寺

▼太子の威光を利用した藤原氏

聖徳太子が病没した後、太子の一族（上宮王家《じょうぐうおうけ》）を継いだのは息子の山背大兄王《やましろのおおえのおう》だ。太子の輝かしい功績を鑑みれば山背大兄王の活躍も期待できるが、確執のあった蘇我入鹿《そがのいるか》の軍勢に攻められ、自刃に追い込まれた。このとき一族すべてが滅ぼされ、上宮王家は断絶してしまった。

しかし、権力をほしいままにした入鹿も中大兄皇子《なかのおおえ》と中臣鎌足《なかとみのかまたり》によって暗殺され、蘇我本宗家も滅ぼされた。そして鎌足は藤原の姓を賜り、鎌足の子である不《ふ》比等《ひと》も政権の中枢で活躍した。

太子のたたりが恐れられたのは、この不比等の子である武智麻呂《むちまろ》、房前《ふささき》、宇合《うまかい》、麻呂《まろ》の四人が次々と病に倒れて他界したからである。というのも、藤原氏は蘇我氏を、上宮王家を滅ぼした悪逆の一族とし、それを倒した自分たちの功績をアピールしたからだ。

不比等は、正史として構想された『日本書紀』の編纂に大きく関わっている。太子の超人的なエピソードを記述したのも、太子の威光を利用したい不比等の意図が反映されたとも考えられる。

恨みの矛先は藤原氏に向かったと考えた藤原一族、とくに不比等の娘で聖武天皇の皇后である光明皇后は、僧行信《ぎょうしん》を取り立てて荒れ果てていた斑鳩寺を再興し、さらに東院を建立して太子の怨霊を鎮めた。その根拠の一つが夢殿の本尊である**「救世《くせ》観音像」**だ。

救世観音像は、「表に出せば法隆寺が倒壊するほどの天変地異が起こる」という伝承がある秘仏中の秘仏で、明治17（1884）年、学者フェノロサと岡倉天心《おかくらてんしん》が無理やり開帳するまでの長い間、封じられてきた。

聖徳太子を模しているといわれ、背中の部分が空洞になっている。これが人間としてではなく怨霊として太子を表しているという。光背部分が釘で直接、観音像に打ちつけられているのも、呪詛の証だとする。

ただ、この説は哲学者・梅原猛によって唱えられて大きな話題を呼んだが、古代史研究者などからは事実誤認や論拠のあいまいさなどを指摘され、学界では否定的な意見が多い。

▼増えていく「法隆寺の七不思議」

法隆寺には、七つの不思議があるとも伝わる。

藤原不比等（左／菊池容斎『前賢故実』国会図書館所蔵）と法隆寺夢殿本尊の救世観音像（右／『南都十大寺大鏡』国会図書館所蔵）。救世観音は現在、毎年春と秋に公開されている

一つは「法隆寺ではクモが巣をかけない」。二つ目は「南大門の石段の前に鯛の形をした石が埋め込まれている」。三つ目が「五重塔の上部の相輪《そうりん》に四本の鎌が刺さっている」。その他「不思議な伏蔵《ふくぞう》（地下の蔵）がある」「池のカエルの片目がない」「夢殿の礼盤（お坊さんが座る台）の裏は汗をかいている」「境内の地面には雨だれの穴がない」というものだ。

これらが語られるようになったのは、江戸時代になってからである。その頃にはお伊勢参りや神社仏閣を巡る旅が大ブームとなり、法隆寺の参拝客も増えていた。七不思議は旅行客を楽しませるため、案内役が生み出したのではないかと考えられる。

なお、奈良国立博物館館長を務めた石田茂作《もさく》も独自の七不思議を提案しており、法隆寺をめぐる謎はいまだに尽きない。歴史ある古刹《こさつ》はそれだけ多くの人が惹かれる何かを持っているということなのだろう。

本当は怖い
日本の聖地

28 徳川家康が整備した江戸城を守る結界

▼徳川家康によって整備された聖域

現在、天皇とその家族が住まう皇居は、江戸城の跡地に建てられている。江戸城はもちろん江戸幕府の本拠地だが、城そのものは江戸時代以前からあった。

徳川家康入府直後の江戸は寒村だったといわれてきたが、実際には関東海運の要所として発展していた。康正《こうしょう》３（１４５７）年には扇谷《おうぎがやつ》上杉《うえすぎ》氏《し》の家臣・太田《おおた》道灌《どうかん》によって城郭が築かれている。これを家康が改築したのが、江戸城の始まりである。

火事によって焼失したものの、家康は当時最先端の技術を結集して江戸城を巨大な要塞として造り上げた。しかもこの都市を守るため、城郭建築や土地開発といった技術的な問題以外にも、家康

江戸城の富士見三層櫓。火事で天守が焼失したのち、天守の代用とされた

は気を配った。**江戸城は風水の思想に基づいた、霊的結界の中に置かれた**のである。

▼江戸城を守る霊的防御

風水とは、古代中国で生まれた占術の一種だ。町や配置物の位置から吉兆を読み取り、それらの配置を変えることで運気の流れを操作しようとした。**現在でこそ風水は占いとして人気だが、かつては軍学として発展した実用的なものだった。**7世紀頃から日本でも取り入れられ、主に戦や都市計画で長く活用されてきた。平安京も風水の思想に基づいてつくられた都市である。

江戸を開発するにあたり、幕府も風水を重んじた。江戸城の立地は「交差《こうさ》明堂形《めいどうけい》」といい、複数の台地の延長線が交わる、風水上の縁起のいい地形である。

さらに江戸の守りを固めるため、幕府は風水上避けるべき方角とされた江戸城北東の鬼門に、江戸の鎮守神である神田明神を移設している。さらには同じ方角にある浅草寺を幕府の祈願所とした他、将軍家の菩提寺となる寛永寺を建立。そして裏鬼門と呼ばれて忌避された南西の方角にも、江戸城の鎮守である日枝《ひえ》神社と菩提寺となる増上寺を置いている。東北と南西に寺社を多数置くことにより、災いを徹底して防ごうとしたのだ。

ちなみに、家康を祀る日光東照宮も江戸城から北東の位置にあるといわれていたが、正確には真北に位置する。悪しきものを流す「水気」をもたらす方角に幕府の開祖を祀ることで、江戸の霊力を高めようとしたとする説もある。それが確かなら、この時代に運気がいかに重要な要素だったかがわかるというものだ。

▼天海が敷いた五色不動の結界

このような政策を主導したのは、徳川家の側近だった僧侶・**南光坊天海**《なんこうぼうてんかい》だといわれている。出年不詳で経歴も不明、いつ家康の家臣となったのかもわかっていない謎の僧侶だが、その能力の高さは折り紙付きで、家康から家光までの3代にわたり、内政や宗教政策のアドバイザーとして活躍した。

天海の助言で始まったといわれる江戸の風水政策は、総仕上げとして**「五色不動」**《ごしきふどう》の結界が張られた。密教における宇宙の構成要素「地水火風空」の力を江戸中に行き渡らせるため、東西南北と

徳川家康（左／大阪城天守閣所蔵）とその側近の天海（右／輪王寺所蔵）

中央に五色の名を持つ不動像を置いたのだ。それが「目黒不動」「目青不動」「目赤不動」「目白不動」「目黄不動」である。これら五体の不動が北の日光東照宮から流れる力を増幅させ、それを江戸中に循環させる。これによって江戸は不動の結界に囲まれ、悪しきものから守られる、というわけだ。

ただ、家光の時代に五色不動は設置され、江戸結界が完成したというのがこれまでの通説だった。だが、**当初の不動像は三体か四体しかなく、残りは江戸時代後期から明治時代に追加されたという説もある。**結界が完成した正確な時期もわかっておらず、謎はいまだ多い。

それでも、幕府が倒れて150年近くが経った現在でも、家康たちが張り巡らせた結界に関係する寺社は健在だ。幕府はすでに滅んでいるが、結界は跡地に建った皇居周辺を今も守り続けているのかもしれない。

29 はしごをすると呪われる？避けたほうがいい参拝の組み合わせ

▼神社のはしごは是か非か

現在では、御朱印集めやパワースポット巡りで一日にいくつもの神社を参拝する、いわゆる「はしご」が珍しくなくなっている。受験のシーズンになれば複数の神社に神頼みをする学生も少なからずおり、神社だけでなく寺へはしごをすることもあるという。

困ったときの神頼みが悪いわけではない。しかし、こうした神社のはしごにはタブーがある。同じ願いを複数の神社で祈願すれば、神を信用していないとして失礼に当たるため、避けたほうがいいだろう。志望校合格を縁結びや交通安全の神社で願うなど、ご利益にそぐわない願いを託すのも慎みたい。それに、**神様同士が因縁のある神社をはしごするのも、やめたほうがいいだろう。**かつ

成田山新勝寺。寛朝がこの地に不動尊像を安置し、戦乱が鎮まるように護摩祈祷を行った

てはそうした神社をはしごすれば、神罰が下ると恐れられることもあった。

▼将門の神社と呪殺した寺の対立

東京都千代田区の神田明神は、平安時代に反乱を起こした平将門《たいらのまさかど》を祀っている。将門は日本三大怨霊《おんりょう》に数えられ、首塚を破壊しようとした連合軍総司令部（GHQ）を呪ったとまでいわれている。その強力な呪力を神田明神が抑えているわけだが、この神社とはしごをしてはいけない寺が、千葉県にある。それが成田山新勝寺《なりたさんしんしょうじ》だ。**実は新勝寺は、将門呪殺の儀式をした地に建っている。**

将門の蜂起を知った朝廷が討伐軍を送っても、戦場に暴風が吹き荒れ苦戦を強いられたため、朝廷は僧侶の寛朝《かんちょう》に成田山で反乱撃退の儀式を行わせたのだ。この儀式によって風向きが変わると、追い風を得た討伐軍は一気に巻き返した。そして、風に乗った矢が将門の首を貫いた。この功から成田山は朱雀《すざく》天皇から寺号を賜り、現在の新勝寺となる寺が建てられたのである。

将門からすれば、新勝寺は自身の野望を砕いた忌むべき寺だろう。そんな因縁の寺にはしごをされれば、将門は怒り狂って罰を下すかもしれない。そう考えられたためにタブー視されるようになったとされる。

だが、両者のはしごが忌避されたのは、そうした信仰上の対立よりも、**信徒同士のトラブルが絶えなかった**からだと考えられる。将門を祀っていた手賀沼《てがぬま》（千葉県北部利根川沿）の地では、江戸時代まで成田山へ向かう参拝客と地元の将門信仰者の間で幾度もトラブルが起きており、喧嘩や暴行事件も珍しくなかった。将門の信者は成田山の本尊を模した祠を作ってわざと唾や小便をかけたりしたほどで、当然、成田山の本尊が公開される「出開帳《でかいちょう》」があっても見に行かなかった。

こうした信徒間の対立は過去の話だが、将門と寺院、そして信徒の対立の影響がそのままタブーとして定着したと考えられている。ある意味、実態の見えない呪いより、そうした歴史はよほど恐ろしいといえるかもしれない。

なお、はしごが絶対に許されないわけでもない。双方に参拝したいときは、日にちをずらせば将門も大目に見てくれるという。悪霊であっても、案外心は狭くないようだ。

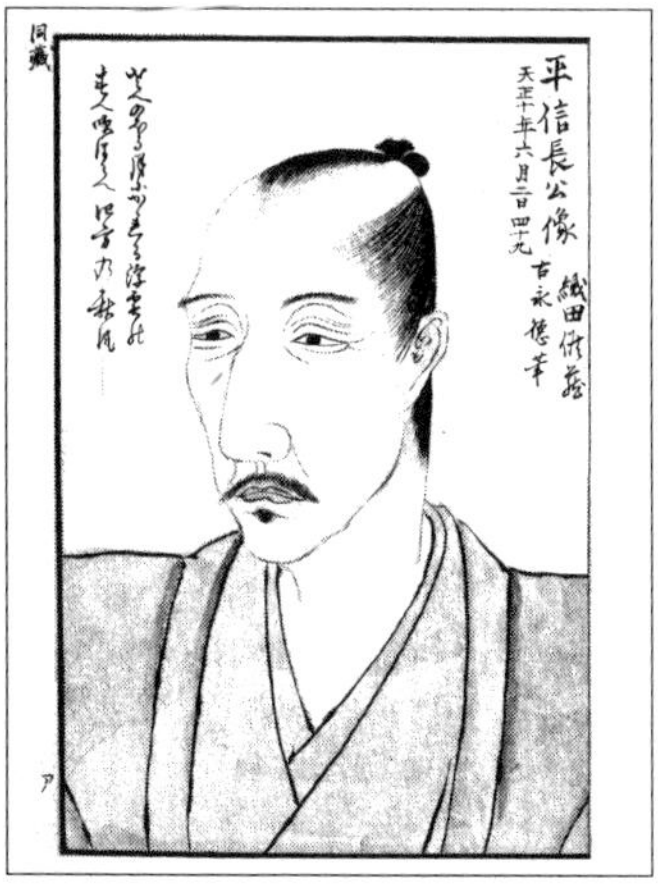

織田信長（左／『肖像』国会図書館所蔵）と明智光秀（右／本徳寺所蔵）。ふたりのような因縁のある人物を祀る神社のはしごは避けたい

▼仲が険悪な人物の神社

このように、**敵対していた人物を祀る地をはしごするのは、避けるべき**である。

たとえば明智光秀と織田信長、平清盛と源頼朝など、一方が恨みを持つと考えられる場合、両者と因縁のある神社へは、参拝しないほうがいい。明智光秀を祀る福知山市の御霊《ごりょう》神社へ行ったあとに、織田信長を祭神とする京都市の建勲《たけいさお》神社に行くというのは、祭神のたたりを引き起こしかねないわけだ。同様に、源頼朝の首を墓前にすえろと訴えた清盛を祀る地を訪れたなら、頼朝ゆかりの寺社へ行くのは避けたほうがいいとされる。

神社や聖地は単に願掛けのための場所ではなく、必ず歴史や所以がある。はしごをすること自体に問題はないが、神の功徳を望むなら、祀られる神々に関する情報を押さえておくと安心である。

本当は怖い日本の聖地

30 GHQにも呪いをかけた？ 平将門の強大な呪力

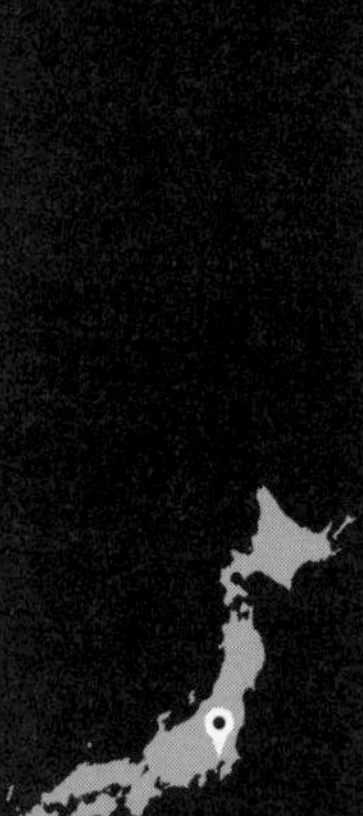

▼神社に祀られし反逆者

東京都にある**神田明神**は、関東を代表する神社の一つだ。正式名称は神田神社。江戸の街の守り神として、徳川幕府から厚遇された神社である。かつては大手町にあったが、関ヶ原の戦いの後、江戸城から見て鬼門の方角にあたる外神田に移され、災いから将軍家を守護する役目を担った。

そんな神田明神は祭神として、厄除けの神**「平将門《たいらのまさかど》」**を祀っている。神田明神には恵みの神も祀られているが、将門は恐ろしいたたり神である。平安時代から幾多の災いを引き起こし、戦後には欧米の軍隊すら呪ったとされる、日本有数の怨霊なのだ。

東京の大手町にある平将門の首塚

▼**朝廷と敵対した新皇**

平安時代の関東は、武士や豪族の抗争が多発する危険地域だった。下総《しもうさ》（千葉県北部）に本拠を置く将門も、朝廷に反乱を起こして関東一帯を制圧し、「新皇《しんのう》」を自称した。桓武天皇の血を引く桓武平氏の一族だったことから、新時代の天皇を自称したとされる。

しかし将門の関東政権は2カ月ほどしか続かず、藤《ふじ》原《わらの》秀郷《ひでさと》と平貞盛《たいらのさだもり》の討伐軍に敗れて戦死。遺体は首と胴が切り離されて、京で晒《さら》し首となった。これが記録に残された日本初の晒し首とされている。

これで一件落着かと思われたが、**生首を晒したその日から、怪現象が続発する**。首はいつまで経っても腐らず、毎夜のように目を開いては笑い声を響かせ、ついには関東へ向けて飛び去った。

「われの体はどこだ。体つけて一戦せん」

こう叫びながら浮遊する首は関東に落ち、地元民の手により埋葬された。その場所が、かつて神田明神のあった大手町だった。しかし関東に帰還しても将門のたたりは治まらず、14世紀初頭には同地の芝崎村で疫病が蔓延。真教上人が将門の御霊を供養してから神田明神に神として祀りあげると、ようやく収まったという。

▼GHQをも呪った首塚

将門の首塚には、**撤去しようとした人間をたたる**という恐ろしい伝承もある。

江戸時代、首塚は酒井家の屋敷内に置かれ、一般人の目に触れることはなかった。明治維新後に酒井家の屋敷が撤去されて、大蔵省が建てられたのちも、首塚は敷地内に残されていた。しかし関東大震災で庁舎が損壊したことで、首塚の上に仮庁舎を造る計画が持ち上がると、完成直後から官僚関係者や工事業者が次々に変死。大蔵大臣までもが病死し、死者は10人以上にも及んだ。驚いた政府は仮庁舎を取り壊して首塚を再建し、神田明神と日輪寺《にちりんじ》に供養を依頼している。

一連のたたりが起きたのは、**将門が近代に入って冷遇された**からだという考えがある。江戸時代に神田明神の祭神だった将門は、明治時代に入ると朝廷へ弓を引いた逆賊の汚名を着せられ、祭神から一時的に外されたこともあった。政府による無礼の数々に、将門の堪忍袋の緒が切れたということか。

しかし、その後も首塚にまつわる不穏な出来事が起きている。没後1000年目となる1940

関東大震災から間もない頃の将門の首塚

年には、落雷で大蔵省の庁舎が焼け落ち、さらに戦後、今度は太平洋戦争で日本を破った連合軍が、不思議な出来事を経験している。日本の占領統治を担ったGHQは、首塚を潰して駐車場とする計画を立てた。将門のたたりを恐れた地元民は反対したが、GHQは迷信だと一蹴して工事を強行。ところが、重機がまさに塚を潰そうとしたそのとき、**急に機器が制御不能となって横転し、運転手1名が死亡した**のである。事故の報告を受けたGHQの総司令官マッカーサーは考えを改め、工事を白紙撤回したという。

アメリカへのたたりが事実なのかはよくわかっていない。詳細がわかる記事や資料が見つかっていないからだ。住民の反対で計画を撤回したことに尾ひれがついて、将門のたたりとして広まったともいわれているが、事の真偽は不明である。そんな噂がまことしやかに流れるほど、将門への恐れが深いということだろう。

31
鳥居をくぐると命を落とす？霊峰富士に存在する不思議な神社

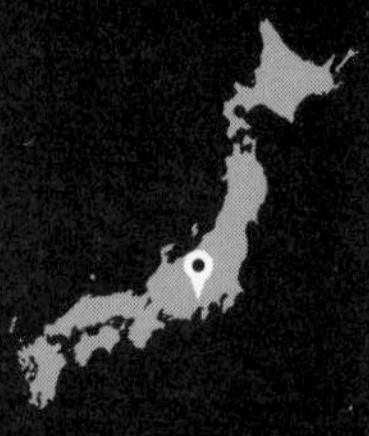

▼霊峰富士にある神社

日本最高峰の山である富士山は古《いにしえ》より、霊峰として尊ばれてきた。富士山への信仰は**富士信仰**と呼ばれ、その信仰を守る浅間神社《せんげんじんじゃ》は、総本社の本宮浅間大社《ほんぐうせんげんたいしゃ》を含めて全国に約１３００社ある。近代以降は浮世絵などで日本のイメージと結びつき、外国人観光客からの人気も増している。

しかし、富士山には自殺の名所と呼ばれる青木ヶ原樹海のように、曰く付きの場所も多い。その一つが**「人穴《ひとあな》浅間神社」**だ。**鳥居を車でくぐると呪われる**という、ミステリアスな神社である。

富士山の噴火によって生まれた聖地・人穴（Ennui ／ CC BY-SA 3.0）

▼鎌倉将軍を祟った溶岩洞窟

人穴浅間神社は、静岡県富士宮市に位置する。江戸時代までは大日堂と呼ばれていたが、明治時代の神仏分離令を経て、現在の呼び名に変わった。一見すると目立たない小さな社だが、その境内には富士の聖地と呼ばれる**「人穴（人穴富士講遺跡）」**がある。富士山麓には過去の噴火で形成された100以上の溶岩洞窟があるが、西麓に位置する人穴もその一つだ。

深さは実に83メートルにも及び、浅間大菩薩（浅間大神）の住まう場所として神聖視されてきた。戦国時代には行者の角行《かくぎょう》が悟りを開き、富士信仰の一種である富士講の開祖となっている。この富士講が全国に広まって、人穴はより深く信仰されるようになった。

今でも人穴の周りには富士講の碑が置かれている。洞窟内は神奈川県の江ノ島に通じているという伝承もあるが、人穴を語るうえで避けては通れないのは、**心**

霊スポットとしての評判である。

人穴の恐怖話は、かなり古い。初めて人穴に関する記述を残したのは鎌倉時代の歴史書『吾妻鏡』で、次のような怪奇譚が語られている。

建仁《けんにん》3（1203）年、鎌倉幕府2代将軍の源頼家に洞窟の調査を依頼された仁田忠常《にったただつね》は、家来を連れて人穴に侵入した。しかし、奥地の地下水脈についたとき、前触れもなく家来たちが倒れて4人が死亡。忠常だけが水脈に刀を投げ込み、なんとか生還することができた。

ところが、生き残った忠常も調査の2カ月後に政争に巻き込まれて命を落とし、調査を命じた頼家も、将軍の位を追われたうえで、暗殺されてしまった。3代将軍の実朝《さねとも》ものちに暗殺され、鎌倉将軍の血筋は断絶。一連の悲劇を知った地元民は、浅間大菩薩の神罰が当たったと恐れおののいたという。

それに人穴という呼び名自体、**「人が立ち入ってはならない恐ろしい穴」**という意味があるという説もあり、鎌倉時代以前から禁足地として恐れられていた可能性は高い。角行も「神罰があるから他所へいけ」と幾度も忠告されたといわれ、白糸滝《しらいとのたき》で幾日も修行してから神仏の啓示を受け、ようやく入ることを許されたという。

人穴の他にも、富士講の行者・誓行徳山《せいぎょうとくざん》が修行した「精進御穴《しょうじのおあな》」や蛇石のある「蛇洞」など、富士山周辺には無数の聖地がある。こうした洞窟の数々が、山神の住まう地として人々に畏怖され

人穴に立つ石碑（左／Ennui／CC BY-SA 3.0）と人穴に侵入する忠常（右／月岡芳年「新形三十六怪撰」）

てきたのである。

▼車で通ると呪われる鳥居

そんな人穴は、今も数多くの怪現象が目撃される心霊スポットでもある。霊感のある者は近づくと体調を崩す、謎の発光体を見た、などのよくある心霊話はもちろん、鳥居を車でくぐると事故に遭うという話も有名だ。

神社の鳥居は神域への入り口で、人家でいえば玄関口に当たる。そのため神様に対して失礼だといわれることがあるわけだ。

また、現実的に考えれば、この神社は山中にあるので夜間は暗く、通常の道と比べれば事故が起こりやすい環境になる。

こうした立地条件も、心霊まがいの噂を生む要因となったのかもしれない。

本当は怖い日本の聖地

32 商売繁盛だけではない稲荷神の正体は人を食らう鬼だった

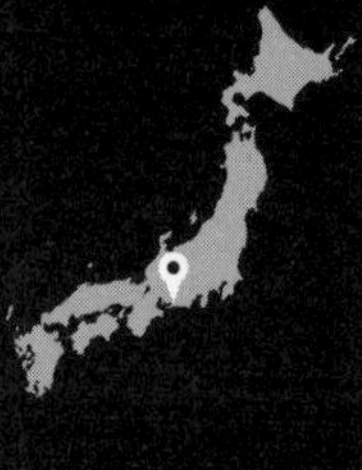

▼多種多様な信仰を集める神様

稲荷《いなり》神は、商売繁盛や土地の安全などを司る神である。千本鳥居で有名な伏見稲荷大社をはじめ、約3000の神社が全国に存在する。資生堂のように、本社に稲荷社を置く企業も多く、小さなお堂なども含めれば、日本でもっとも信仰を集める神ともいえる。

元々は稲の神だったともいわれ、信仰の広まりによって漁業、土地、商売などの各信仰と習合していき、現在の形になったと考えられる。なお、おなじみの白いキツネの姿は稲荷神ではなく、稲荷神の使いである。

多様な信仰と結びついた稲荷神は、神社だけでなく、寺院でも祀られることもある。愛知県豊川

豊川稲荷総門。境内では無数の稲荷像を拝むことができる（Baristoni ／ CC BY-SA 4.0）

市にある豊川閣《とよかわかく》妙厳寺《みょうごんじ》も、その一つだ。妙厳寺は曹洞宗の寺院だが、**豊川稲荷**《とよかわいなり》の名前で親しまれており、境内には巨大な鳥居や狛狐《こまぎつね》の像が立っているなど、神社を思わせる要素が多い。稲荷信仰の聖地として江戸時代から多くの参拝者を集めたことから、伏見稲荷大社や笠間稲荷神社（あるいは祐徳《ゆうとく》稲荷神社）と並ぶ日本三大稲荷に数えられることもある。

境内には、約1000体の白狐像が所狭しと置かれた**「霊狐塚」**と呼ばれるパワースポットもあり、岩の隙間に参拝者が入れた賽銭を見つけて持ち帰ると、金運が向上するという話もある。金運向上の願いが叶えば、翌年にお礼として塚へ賽銭を入れると恩返しになるようだ。ただし、白狐像に触れれば災いが起きるといわれているため、賽銭を探す際には、安易に触れないよう注意が必要だ。

さて、この寺の本殿で祀られているのは、荼枳尼天《だきにてん》という仏神である。本尊ではないが、稲荷神と同一の神であるとみなされ、江戸時代には五穀豊穣を司るとして、寺は多くの参拝者を集めた。

しかし、実はこの荼枳尼天、元々は恵みをもたらす神ではない。鬼の一種として恐れられた荒々しい神であり、稲荷神もまた恐ろしい災いを引き起こすとして畏怖された、たたり神でもあったのだ。

▼本当は恐ろしい稲荷神

かつての荼枳尼天は、ヒンドゥー教における女夜叉《にょやしゃ》の集団だった。それが仏教に組み込まれ、日本に伝来すると単一の女神となったが、元々は鬼の一種で、人を食らう怪物であった。

しかも、仏教の説話では、大日如来から人食いをやめるよう注意を受けても、生きていくためだから仕方がない、と反論するほど肝が据わった鬼として描かれている。大日如来が死人の肉を食べることを許すと生者を襲うことはやめたが、代わりに半年前から人の死を予知して、死人が出るとその心臓を食らうようになった。いわば、仏教における死神のような女神である。

そんな荼枳尼天が、なぜ稲荷神と同一視されたのか？　その秘密は真言密教にある。**密教の世界では、荼枳尼天は白狐に乗って現れるとされていた。**稲荷神の使いもまた狐である。この共通点から稲荷神と荼枳尼天は一つに習合されたと考えられる。

江戸時代の豊川稲荷（左／豊川国周「東海道名所之内 豊川」国会図書館所蔵）と荼枳尼天（右／歌川国芳「盛衰記人品箋」部分）。右にいるのは荼枳尼天を信仰していたと伝わる平清盛

そもそも稲荷神自体、一度祀れば末代まで信仰しないと祟られる、恐ろしい一面がある神だ。信仰を蔑ろにするとたたる神は稲荷神だけではないが、狐はたたり神として恐れられてきたこともあり、危険なイメージが一層強い。霊狐塚に関するエピソードも、そんな神への畏れが表れているのだろう。

なお、そうした性格から転じたのか、稲荷神は江戸時代には、憑き物落としや病気の快復に霊験があるともみなされるようになっていく。この頃には災厄をもたらす恐ろしい存在であっただけでなく、恵みの神として親しまれるようにもなっていたようだ。

現在、豊川稲荷は願掛けの神社として有名だが、度を越えた願い事や罰当たりな行動をしては、稲荷神の怒りを買うことになりかねない。金運向上を求めて訪れたとしても、稲荷神のたたりに触れないよう、気をつけたいものである。

第四章　聖地に伝わる怪異伝説

本当は怖い日本の聖地

33 死の世界のイメージから熊野に生まれた妖怪伝説

▼日本神話の跡が多く残る特別な地

和歌山県と三重県に跨《またが》る**熊野**《くまの》は、時に**黄泉国**《よみのくに》**につながる異界**として畏れられた。熊野の「クマ」は「神」や「隅《くま》」（辺境や影を意味するという説がある）を表すといわれ、往古から伊勢と並ぶ聖地として崇拝されてきた。日本神話をひもとけば、その重要性はよくわかる。

たとえば、熊野では神使《しんし》・霊鳥としてカラスが大事にされているが、それは日本神話に登場する三本足の八《や》咫《た》烏《がらす》に由来している。八咫烏はカムヤマトイワレビコ（のちの神武《じんむ》天皇）が日向から大和に入る途上、アマテラスから熊野・吉野の山中の道案内に遣わされたとされている。

かつて熊野の山中は死体の遺棄場所であり、エサ目当てにカラスが遺体をついばむ光景が珍しく

熊野の花窟神社のご神体である巨大な岩屋。高さは6メートルに及ぶ

なかったと考えられる。そのため八咫烏が神聖視されたのではないか、というわけだ。

また、熊野が黄泉国につながるといわれてきたのも、『日本書紀』に記載があるためだ。火の神出産時にやけどを負って命を落とした伊邪那美命《いざなみのみこと》は、熊野の有馬村に埋葬された。その地が、巨大な岩屋をご神体とする「花窟神社《はなのいわや》」だと伝わっている。

▼自然との共存で生まれた「妖怪」

熊野が不思議な霊気をまとうのは、和歌山県の約8割が森林を占める、自然深い土地であることも関係しているだろう。この豊かな自然の中で特殊な「妖怪伝説」が息づき、それらは時代を越えて現在でも語り継がれている。

特に有名なのは、**一本足の怪力無双の妖怪「一本だたら」**と、**山中に住む「ダル」**である。

一本だたらは非常に乱暴で、巡礼者の路銀をたびたび強奪して恐れられた。困り果てた熊野三山の社寺が退治を呼びかけたところ、名乗り出たのが狩場《かりば》刑部左衛門《ぎょうぶざえもん》という人物である。左衛門は矢で一本だたらの胸を射抜いて退治に成功。受け取った褒美の土地を近辺の18カ村に譲り渡し、これが末永く郷民の助けになったという。那智勝浦町の那智高原公園近くには、その功績をたたえる碑が建てられている。

ダルは空腹の旅人に取り憑く餓鬼だ。ダルに取り憑かれたら一歩も動けなくなってしまうので、里では昔から「山に入るときには、必ずダルの口に入れるための握り飯を持っていくこと」「ダルが現れたら手に米という字を書いてなめる」という教えが伝えられてきたという。

このダルに取り憑かれたとされるのが、植物学者の**南方熊楠《みなかたくまぐす》**だ。熊楠は手記の中で、熊野山中において急に脳貧血を起こし、一歩も進めなくなって倒れてしまったと記し、それをダルのせいだとみなした。その後、熊楠は村人の教えを守り、必ず握り飯を持って山の中に入るようにしたらしい。

▼山の危険を警告する伝説

ダルは奥山で遭難し、命を落とした大人の霊魂が供養されずにさまよっている存在だという。亡くなったのが子どもであれば、**「コダマ」**という妖怪になるといわれている。

コダマはダルとは違い、ほとんど姿を現さない。だが、移動するときには木々の枝を激しく揺り

熊野の森の中。足場が多く、暗くなると自分の居場所がわからなくなる危険な空間だった

動かし、ときには言葉だけを投げ返してくる。山に迷った人が「助けて」と声を出せば、コダマも「助けて」と返すので、ここで取り憑かれたことがわかるという。現代人なら声が反響して返ってきているだけに過ぎないとわかるが、科学的知識を持たない前近代の人々なら、妖怪の仕業だと勘違いしてもおかしくはない。

なお、ごくたまにコダマは少年少女の姿で現われることもあり、これは**「サトリ」**と呼ばれている。サトリは人が心の中で思っていること、または今から言おうとしていることを先に言い、心を乱すという。人間の子どもの霊ではなく、年を経た木の魂魄《こんぱく》であるという説もある。

ただ、**妖怪はさまよえる霊魂ではなく、自然と共生するための戒めが形になった**のだと分析する研究者も多い。聖地にタブーが付きものなのも、厳しい自然を生き抜くための先人の知恵なのかもしれない。

本当は怖い
日本の聖地

34

天狗以外の伝説も多数 鞍馬山にさまざまな怪異が現れたワケ

▼鞍馬山の天狗伝説

京都市左京区にある**鞍馬山**《くらまやま》は、古くから山岳信仰が盛んな霊山だ。愛宕山《あたごやま》の修験者が開拓したと伝わる修行場の一つであり、山中には源義経《みなもとのよしつね》が育ったと伝わる鞍馬寺がある。鑑真の弟子が毘沙門天像を祀って創建したと伝わる古刹で、千手観音像も古くから祀られている。平安時代には真言宗、鎌倉時代には天台宗に改めたが、1947年に住職の信楽香雲《しがらきこううん》が鞍馬弘教《こうきょう》を興したことで、鞍馬寺はその総本山となり今に至っている。

現在ではパワースポット目的で訪れる参拝者もいるが、それ以上に観光客の関心を集めるのは、**天狗**《てんぐ》**伝説**である。天狗が住まう山として、現在でもゆかりの品が数多く残っている。**源義経が鞍馬**

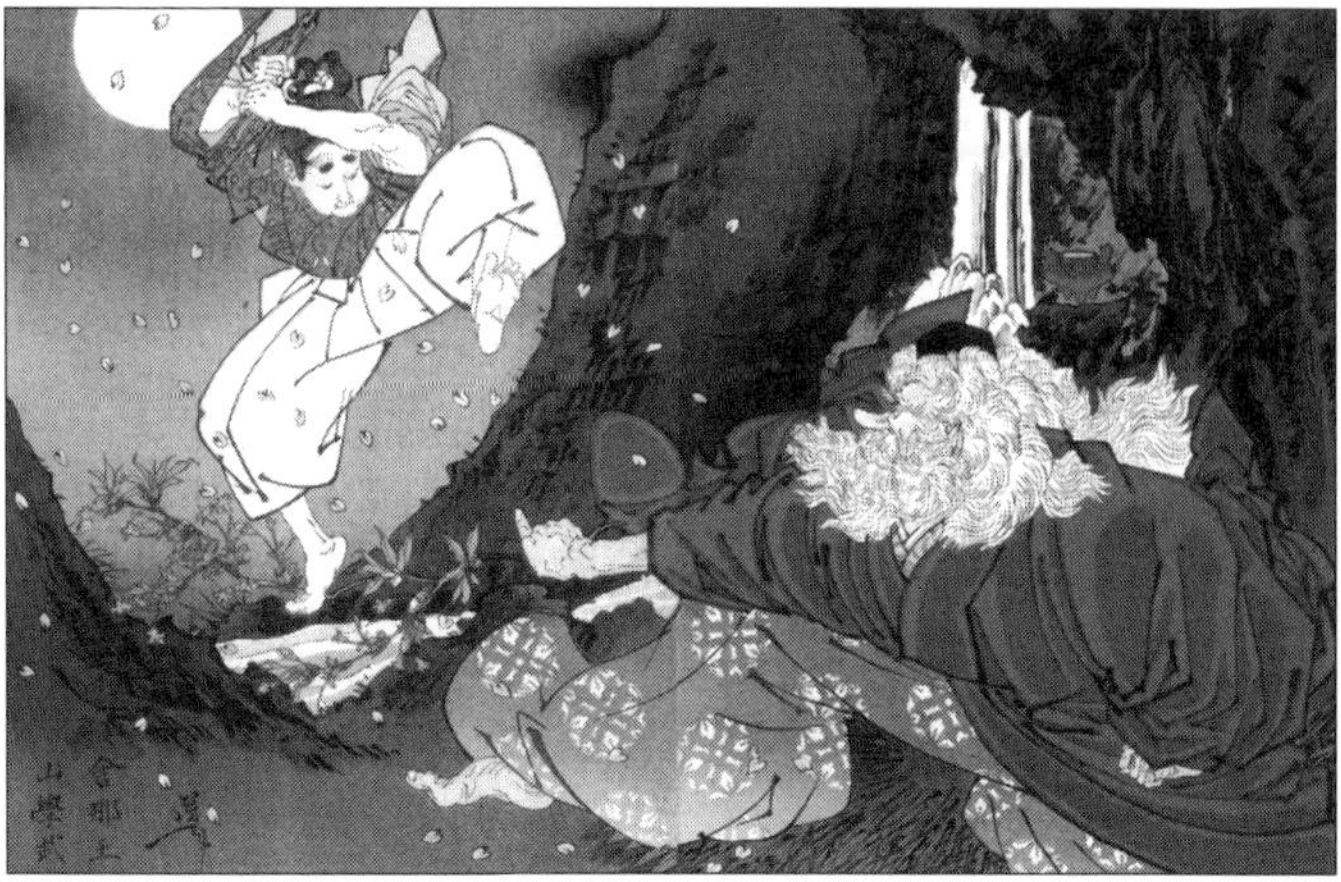

鞍馬天狗に剣術を教わる源義経（月岡芳年「舎那王於鞍馬山学武術之図」ビクトリア国立美術館所蔵）

山の僧正《そうじょう》ヶ《が》谷《たに》で天狗に剣術を教わったという伝承は古くから有名で、江戸時代には出版物を通じて一般庶民にも広く知られていた。

一般的には赤い顔に長い鼻、大きな目にカラスのような羽を持つ姿で知られているが、そもそも天狗とはどのような存在なのか？　仏法からはみ出した僧侶や恨みを持って死んだ人間の成れの果てだといわれることもあるが、本来は**修験道と関係の深い存在だった**と考えられている。

修験道では、天狗は修行者や修行場を守護する精霊だとされている。厳しい修行や神秘的な呪術で知られた修験者たちは、一般の人々からすれば薄気味悪い存在でもあったようだ。そうした修験者と天狗のイメージが重なった結果、天狗という山に住む妖怪の形ができていったのだと考えられる。絵巻や絵図でイメージ化された天狗が修験者のような恰好をしているのも、そのためである。

▼鬼も住まう鞍馬山

そんな天狗の山である鞍馬山は、実は鬼が住むという伝承もある。平安時代の『今昔物語集』には、こんな話が残っている。

その昔、鞍馬寺で修行していた僧侶が山中で一夜を過ごしたことがあった。焚火をしながら夜明けを待っていると、ふと暗闇から一人の美しい女性が現れて、僧侶の向かい側に座った。なぜ真夜中の山に女性がいるのかと僧侶は疑問に思ったが、すぐその正体に感づいた。その女性は、人間に化けた鬼だったのである。

僧侶が火で炙《あぶ》った杖で女性を攻撃すると、女性は正体を現して鬼の姿に変貌し、僧侶を食い殺そうと襲い掛かった。僧侶は一心不乱に逃げたが、やがて追い詰められてしまう。しかし、大口を開ける鬼を前に**毘沙門天**《びしゃもんてん》へと祈りを捧げると、近くの枯れ木が急に倒れ、鬼は下敷きになって死んだ。こうして僧侶は、神仏の助けで間一髪生き延びることができたという。

このような鬼を退治する毘沙門天という構図は、中国から中世の日本に伝わったことがわかっている。毘沙門天を祀り、鬼神が現れてもおかしくはないような山中に位置する鞍馬寺なら、そうしたイメージが重なって伝承に取り入れられた可能性は十分ある。

鞍馬の鬼。僧侶が鬼に襲われる場面や、毘沙門天に退治される場面などが描かれている（「鞍馬縁起」写し・部分／国会図書館所蔵）

また、優れた僧の行業を記した『拾遺往生伝《しゅういおうじょうでん》』によれば、鬼に襲われた僧侶は鞍馬寺の初代別当となった峯延《ぶえん》であるといい、同書には大蛇に襲われた峯延の祈りで毘沙門天が助けに現れたという話も残っている。

これらの伝承から、**鞍馬山が天狗だけでなく、さまざまな怪異が現れる地として畏怖されていたことがわかる。**現在でこそ、レジャースポットとなっている山岳地は多いが、古くは人の出入りが難しい修行の場であり、さまざまな危険が潜む異界でもあった。けもの道に足を奪われて大けがをしたり、野盗に襲われて金品を奪われることも少なくなかった。当然、命を落とすケースも珍しくなかっただろう。鞍馬山でもそうした事故が起きていたとしても不思議ではない。

それに京の貴族たちからすれば、鞍馬山は仏教の力が及ばない異界であった。鬼や怪物がいる危険な場所と噂されたのも無理はないだろう。

本当は怖い日本の聖地

35 一家全員が神隠しに？ 三夜沢赤城神社の奇妙な事件

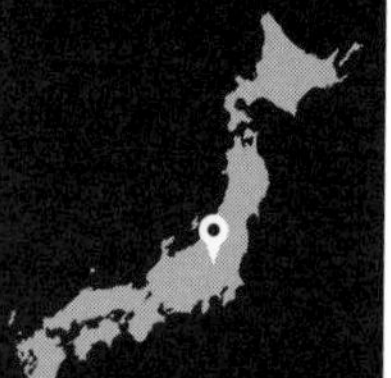

▼ヒトが神の世界に迷い込む

神や妖怪にさらわれた、異なる世界に迷い込んだ……。ある日突然、人間がこの世から消えてしまうことを、日本では**神隠し**と呼んできた。精神状態が不安定であったりする場合、神隠しに遭いやすいと考えられてきたようだ。

もちろん、迷子や家出を周りが大げさに騒いだり、生活に困った家が神隠しと称して口減らしをすることもあった。現代においても、何らかの理由で失踪するものは少なからずおり、警察庁が発表した平成30年度における行方不明者は、8万7962人に及ぶ。親族が届け出をしないケースを含めるとさらに増えるといわれている。

三夜沢赤城神社の大鳥居

だが、原因不明の失踪が、神隠しとして恐れられてきたことも事実。群馬県にある**三夜沢赤城《みよさわあかぎ》神社**も、そんな神隠しが起きた地の一つである。

三夜沢赤城神社は赤城山中腹に位置し、山岳信仰の地として知られている。山頂の大洞《だいどう》赤城神社と並び、事実上の本宮として発展してきた歴史を持つ。上杉謙信や武田信玄の信仰も集めた由緒ある神社である。

地元の伝承によると、赤城山には古くから杉ノ坊という天狗が住まい、天狗攫《さら》い（神隠し）をしては住人を困らせていたらしい。幕末にも、2カ月もの間怪しい男に連れ去られて日本全国を旅してきたという藩士の記録が残っている。藩士はのちの取り調べで、風邪で寝込んでいたとき、急に連れ去られたのだと供述している。人々はこの事件を天狗の神隠しとして恐れたそうだ。

また、大正時代には嫁入り前の祈願をした10代の少女が行方不明となり、戦時中にも息子の戦勝祈願をした夫婦がそのまま消息を絶っている。そして今から数十年前にも、三夜沢赤城神社では不可解な失踪事件が起きていた。

▼神社の森に消えた主婦

事件が起きたのは、ゴールデンウィーク中の1998年5月3日のこと。当日の天候はあいにくの雨だったが、参拝客は少なくなかったようだ。

この日、千葉県白石市に住む夫、妻、娘、叔父、叔母、孫、義母の7人一家が、三夜沢赤城神社へツツジ見物にきていた。参拝に行った夫と叔父以外は車内で雨宿りをしていたが、妻も賽銭を供えると言い、車を降りて行った。

しかし、どれだけ待っても妻が帰ってくる気配はない。心配した家族が境内中を探しても、妻は見つからない。赤い傘にピンクのシャツという目立った格好だったにもかかわらずだ。**結局、警察や消防によって10日間100人態勢の捜索も行われたが、妻が発見されることはなかった。**これが三夜沢赤城神社で起きた「三夜沢赤城神社主婦失踪事件」の顛末である。

家族はテレビ出演やビラの配布で情報提供を呼び掛けてきたが、失踪から20年以上が経過する現在でも、まだ有力な手掛かりは見つかっていない。

この不可解な失踪事件の真相については、発生当時からいくつもの仮説が立てられてきた。何ら

赤城山から見た景色（uraomote_yamaneko ／ CC BY-SA 3.0）

かの事件に巻き込まれたと考える事件説は、もっともメジャーなものだろう。

その根拠として、事件の約7カ月後に偶然撮影したというビデオが挙げられている。このビデオはテレビ局に送られていて、そこには失踪した妻らしき人物が男に傘を差そうとする姿が映されていた。このことから、妻はその男に誘拐された、もしくは殺害されて山中に埋められたというのである。

この他には、山中に迷い込んだという遭難説、車に轢《ひ》かれて死体を隠蔽されたという事故説、浮気相手と抜け出したという駆け落ち説、さらには外国人工作員に攫われたとする拉致説もあるが、**真相は判明していない。**

21世紀を目前にして起きた現代の神隠し事件。ひょっとすると、女性は赤城山の神域に人知れず消えていってしまったのかもしれない。

本当は怖い
日本の聖地

36

鬼神が住む雨乞いの聖地 守屋山

▼モリヤの神をあがめる霊山

長野県の諏訪《すわ》市から伊那《いな》市にかけて、**守屋山**《もりやさん》と呼ばれる山がそびえたっている。古くから「モリヤの神」が宿るとして信仰されてきた山だ。モリヤの神は、日本神話で建御名方神《たけみなかたのかみ》と戦った諏訪地方の洩矢神《もりや》とされているが、江戸時代以降には、蘇我氏との覇権争いに敗れて滅亡した豪族・物部氏の物部守屋《もののべのもりや》だともいわれてきた。

山には大小さまざまな奇石が見られるが、聖地にあるからといって、すべてが聖なるものとは限らない。**中には「鬼ヶ城」という、かつて鬼神が住んでいたと伝わる大岩もある**のだ。

諏訪湖周辺に位置する守屋山（Σ64／CC BY-SA 3.0）

▼鬼が住まう大岩

城の字が示すように、鬼ヶ城はいくつもの岩が重なり合った岩屋のような構造になっている。自然物ではあるが、まるで巨人が岩を組み合わせたような見た目である。数人が風雨をしのげるほどの広さがあり、天井部分には鬼が見張り台に使っていたという「百畳岩《ひゃくじょういわ》」が乗っている。この岩々には鬼神が住まい、山道を通る人間を襲っては食らっていたと伝わっている。

長野県は、鬼に関する伝承が根強く残る地でもある。戸隠山《とがくしやま》には山賊団の長として村々を襲った紅葉《もみじ》という鬼女の伝説がある他、麓の鬼無里《きなさ》地区にも諏訪への遷都を知った鬼の一族が山を作って妨害し、都の討伐軍に制圧されたという話が残っている。

そもそも、鬼は危険や疫病の象徴でもあり、山中に住むコミュニティのはみ出し者や山賊を象徴しているという説がある。徳川光圀《みつくに》が編纂した『大日本史』でも、戸隠山の鬼女は女装して旅人を油断させる盗賊団がモデルだったと考察しており、古くから山賊が出る場所だったようである。

鬼ヶ城も、このような盗賊のイメージが影響して、鬼の住まう地とみなされるようになったと推測されている。もしかしたら鬼ヶ城を拠点に活動した山賊や盗賊もいたのかもしれない。

なお、三重県熊野市の沿岸部にも鬼ヶ城と呼ばれる洞窟がある。平安時代の征夷大将軍・坂上田村麻呂が鬼神・金平鹿《こんぺいか》の一族を退治した伝説があり、南方の盗賊団をヤマト王権の軍が退治した話から作られたとされている。

▼小便をかけられた祠

守屋山は、**雨乞いの地**としても知られている。雨が少ない年は山頂の奥宮で雨乞いの儀式がよく行われたそうだ。江戸時代には、こんな歌が詠われたという。

「おじりはれ　守屋へ雲を押し上げて　鵙きち鳴かば　鎌をとぐべし」

守屋山の神には雨を降らせる力があって、山に雲がかかると大雨になると信じられてきた。地元の人々は山と雲の形からその日の天気を占い、日照りになると神の力を借りるために山へと登って行ったのだ。

しかもその雨乞いの方法というのが、かなり独特だった。守屋山の神は、怒ったときほど強力に

守屋山の祠。かつては雨乞いのために祠を崖から突き落とした（Pat457 ／ CC BY-SA 4.0）

雨乞いの力を発揮するといわれている。本来は人間への罰として豪雨をもたらしたのだが、大量の雨を望むときには、それを逆手に取ったわけである。

普通の雨乞いの効果がなければ、奥宮の祠《ほこら》を繰り返し揺らしたり叩いたりするが、それでも降らなければ最後の手段がとられる。なんと、**集団で祠に小便をかけて、崖から突き落とす**のだ。

罰当たり極まりない行為だが、田畑に被害が出て切羽詰まったときには、神への配慮を考える余裕はなかったということなのだろう。

雨乞いは昭和まで行われたようだが、現在では途絶えている。祠は柵で厳重に守られているので、行いたくても行えないのである。それでも儀式目的で登ろうとする者が今でもいるという。本当に鬼のように恐ろしいのは、己の都合のためなら神の怒りすら利用する、人間のほうなのかもしれない。

本当は怖い日本の聖地

37 宇佐の地に祀られる巨大な鬼のミイラの正体

▼ミイラとなった妖怪たち

鬼、河童《かっぱ》、天狗、人魚……。日本各地に伝わっている妖怪伝説は、空想だと切り捨てる人もいるが、妖怪の遺物を有する寺社は全国にいくつもある。福岡県久留米市の北野天満宮には「河童の手」と呼ばれるミイラの片腕があり、通常は非公開だが、25年に一度だけ公開される。かつて菅原道真を暗殺者から守って死んだ河童であるという。その他、人魚の骨、天狗のひげ、龍の尻尾といったミイラの一部を祀る寺社も少なくない。

そして中には体の一部だけでなく、**巨大なミイラの全身像を保管している寺社もある。**それが大分県宇佐市にある大乗院《だいじょういん》である。

十宝山大乗院に祀られている鬼のミイラ。108段の階段を上がった先に安置されている（宇佐市役所提供）

▼寺院に祀られる鬼のミイラ

大乗院の正式名称は、「一鬼取十宝山《いちきしゅじっぽうざん》大乗院」という。一鬼取は宇佐市にあった古い地名だが、大乗院に納められているのは、偶然にも**鬼だと伝わるミイラ**である。大乗院は真言宗の寺院で、昭和までは住職が在住していた。戦後に住職が死亡してからは無住の状態が続いているが、ミイラは地元民によって管理されており、時間を守れば一般人でも自由に参拝できる。

鬼のミイラは本堂内の祭壇横に、膝折りの姿勢で安置されている。座高は約１４０センチで、立ち上がれば2メートルにはなるといわれている。３本指の手足と角の生えた頭は、まさに鬼そのものである。妖怪のミイラを非公開とする寺社が多い中で、このミイラは自由に参拝できるため、鑑賞のハードルはかなり低い。

元々このミイラは、とある名家の家宝だったらしい。名家が没落して売りに出されるといくつかの資産家の手に渡り、最後に大乗院に行きついた。1925年に、檀家のひとりが「鬼形骨」として売りに出されていたミイラを購入したのだ。購入額は約5500円で、現在の貨幣価値で約300万円にもなる。

当初は檀家の家に保管されていたが、購入した数日後に異変は起きた。檀家の人が突然に病で倒れたのである。どんな医者に診てもらっても病は治らず、原因は不明だった。檀家は謎の病を鬼のたたりとして恐れて、大乗院の住職に供養を依頼。すると病はたちどころに治り、ミイラはそのまま寺院に寄贈されたのである。

▼鬼の正体

鬼のミイラは、全国に数多ある妖怪の遺物の中でも、知名度がひと際高い。2メートルもの巨体のインパクトや、見物のハードルが低いことが理由として考えられるが、**科学調査が実施されたこ**とも理由の一つだろう。

妖怪のミイラは江戸時代に見世物小屋で披露するためにつくられたものが多いと考えられているが、現在寺社に祀られているものは、信仰や保存上の理由から、科学調査が実施されるケースはまれだった。そんな中で大乗院のミイラは、幾度か科学的な鑑定が行われている。

昭和初期に九州大学が調査したところ、このミイラは女性の死体に動物の角や爪を付け加えたこ

鬼のミイラが祀られている十宝山大乗院（宇佐市役所提供）

とが判明した。その後、オカルト番組などで頻繁に取り上げられて有名になると、２００２年にテレビ番組の企画として、麻布大学の研究チームがX線撮影を行った。その結果、角はあとから埋め込まれたもので、歯は馬の歯であることがわかったのである。

　こうして鬼のミイラの正体が明らかになったわけだが、参拝客からすれば、本物であるかどうかは、さほど大きな問題ではないようだ。ミイラ伝承があることに惹かれる人もいるし、本物でなかったとしても、**大事な信仰対象**であることに変わりはない。それは他の妖怪ミイラを祀る寺社でも同じだろう。現存する最古の即身仏《そくしんぶつ》を祀る新潟県の西生寺《さいしょうじ》にも、雷獣だと伝わるミイラがあり、即身仏とともに参拝者の注目を集めている。ひょっとしたら、このような日本各地の妖怪ミイラ伝承を持つ地には、科学では解明不能な「ホンモノ」も混じっているのかもしれない。

本当は怖い日本の聖地

38

首なし地蔵を見つけると死ぬ？ 源頼朝を救ったしとどの窟

▼源頼朝を救った洞窟

箱根といえば、マラソンや登山、観光地の山として有名である。関東と東海を結ぶ交通の要衝で、江戸時代には関所が設けられて人の出入りが監視されたことでも知られる。

古くは全国の著名な山々と同じように、山岳信仰の霊山としてあがめられてきた。箱根神社の縁起によれば、約２４００年前に仙人の聖占《しょうぜん》が駒ヶ岳《こまがたけ》山頂に社を置いたのが始まりだとされている。平安時代の初期までには修験道の霊山となったようだ。そんな由緒正しい霊山の近辺に、**人を呪い殺す**といわれる**「しとどの窟《いわや》」**はある。

しとどの窟は、平安時代末期の源平合戦の頃、箱根山中に開かれたと伝わる岩穴である。

無数の地蔵や石塔が並ぶしとどの窟。湯河原町にある（J.K ／ CC BY-SA 3.0）

当初、源頼朝は平家軍に苦戦を強いられ、治承《じしょう》4（1180）年9月に起きた石橋山の戦いで惨敗。わずかな生き残りとともに箱根山近辺の洞窟に身を隠していた。その洞窟がしとどの窟である。

頼朝は平家の追っ手がすぐそばまで迫っていることを知って観念しようとしたが、そのとき、急に**「シトド」（ホオジロ）という鳥が洞窟の奥から飛び出した。**この鳥を見た追っ手は洞窟の奥には人はいないのだろうと思い込み、立ち去ったという。こうして窮地を脱した頼朝は、勢力を盛り返して平家を打倒したのである。

実際には、訳あって平家側についた頼朝派の梶原景《かじわらかげ》時《とき》が機転を利かせて見逃したと考えられているが、前述の伝承から洞窟はしとどの窟と呼ばれるようになったのだという。

しとどの窟は神奈川県の真鶴《まなづる》海岸にある洞窟と、足《あし》柄下郡《がらしもぐん》湯河原町にある洞窟の2カ所が候補とされており、どちらが本物なのか論争が起きることもあった。現在では頼朝が逃亡中に何回も潜伏先を変えた仮説を採用し、どちらも本物とされているようだ。

真鶴海岸の洞窟内には入れないが、湯河原町の洞窟は関東大震災で崩落した部分までなら自由に見物できる。そんな源氏再興の出発点には、無数の地蔵（観音像）が置かれているのだが、もし訪れたときは興味本位で見ないほうがいい。その中に、死を呼ぶ呪いの像があるかもしれないからだ。

▼三体見つけたら死ぬ？

古くから、**箱根山の山麓には観音信仰が根付いていた。**鎌倉時代の歴史書『吾妻鏡』にも、逃亡中の頼朝が観音像を洞窟に置いた話が残っている。頼朝にならって地蔵が設置されるようになったのか、土着の信仰に由来するのかは不明だが、現在も数十体もの地蔵や石塔が設置され、かつての信仰の面影を残している。

そうした地蔵を眺めていると、首のない地蔵を見つけることがあるという。もし1体でも見つけてしまったら、もうそれ以上探さないほうが無難だろう。そのまま3体発見したら、呪いが降りかかって死んでしまうという都市伝説があるのだ。

正確には、3体を見つけられるのは死期の近い者だけだとされており、発見者は遠くないうちに病気や事故で命を落としてしまうという。といっても、洞窟に設けられてから数百年を経ている

真鶴海岸にあるしとどの窟（GuchuanYanyi ／ CC BY-SA 4.0）

地蔵もあり、自然に朽ちて首がなくなったと考えられるケースが少なくない。地蔵はなんの恨みも抱きようがないのだから、見た者に呪いをかけると考えるのは、無理があるだろう。山奥に無数の地蔵が広がる光景が薄気味悪いということで、こうした都市伝説が生まれたと考えられる。

なお、「怒りの表情をした地蔵を見つけたら不幸になる」という噂もあり、実際に鬼の形相をした石像も見つかっているが、それは地蔵ではなく不動明王像である。多数の地蔵に混ざっているので見間違えられたのだろう。もちろん発見しても不幸は訪れない。

そもそもこの洞窟は、**頼朝の潜伏以前から地元信仰の霊場だったとする説があり、人が普段は入らない聖域だった可能性がある。**心霊話があとを絶たないのは、そうした特殊な環境がなにかあると思わせるからかもしれない。

39 生贄の風習を表す？箱根山を守る九頭龍神社

▼仙人が開いた神社

山岳信仰の修行地である箱根山には、不思議な伝承が数多く残っている。芦《あし》ノ湖《こ》の湖畔《こはん》にある**九《く》頭龍《ずりゅう》神社**も、そうした伝承の地の一つである。

九頭龍神社は箱根山の中心に位置する箱根神社の末社で、湖上に建てられた朱塗りの鳥居が印象的だ。良縁結びや金運向上のご利益があるとして、現在では主に女性から人気を集めている。２０００年に箱根神社境内に新設された九頭龍神社新宮も、女性の参拝者から人気を集めているようだ。

しかし、良縁を授けるありがたい神として敬われる一方で、**この地にはかつて湖岸の村々を大い**

芦ノ湖にある九頭龍神社

に苦しめ、箱根神社の僧侶と戦った恐ろしい九頭の毒龍が祀られているのだ。

▼僧侶と毒龍の戦い

神社の伝承によると、芦ノ湖に出現した龍は、**一つの胴体に九つの頭が生えた巨大な龍神**だった。平安時代の初期、芦ノ湖西の宿場街に現れた龍は、雷雲を集めて暴風を引き起こし、湖の大波で湖岸の村々を苦しめた。この毒龍の怒りを鎮めるために、村々から若い娘を生贄として出していたという。

そんな毒龍を食い止めるべく立ち上がったのが、万《まん》巻上人《がんしょうにん》である。力に勝る龍に対して、万巻は祈祷で対抗した。龍の隙を見て湖岸に石壇をつくり、昼夜を問わずに神仏へ祈りを捧げたのだ。すると、あまりの神々しさに毒龍は邪気を失い、宝珠《ほうじゅ》、錫杖《しゃくじょう》、水瓶を捧げて降伏。万巻は改心した毒龍を呪術の鉄鎖で大木に縛り付け、そのまま水底に沈めて封印した。そして封印された毒龍をあがめるために九頭龍神社がつくられたという。

この伝承から、日本神話における**ヤマタノオロチ伝説**をイメージした人もいるだろう。一つの胴体に複数の頭といった造形は、ヤマタノオロチそのものである。

こうした龍に関する伝承は、水害のメタファーだといわれている。ヤマタノオロチの場合、そのモデルは出雲地方で深刻な洪水被害を引き起こしてきた斐伊川《ひいかわ》だという説がある。山間部にある芦ノ湖にしても、豪雨や台風が直撃すると、洪水や浸水被害を受けることがたびたびあった地域である。そうした水害のイメージが毒龍伝説につながったとしても、おかしくはない。

また、九頭龍伝説は箱根の土着信仰がヤマト王権や仏教に飲み込まれていくまでの顛末《てんまつ》を描いているという説もある。毒龍は箱根に祀られていた土着神だったが、ヤマト王権などが勢力を拡大する中で退けられ、たたり神のような存在に貶められた、というわけだ。はっきりしたことはわからないものの、自然が厳しく、それゆえに独自の共同体を築いたこの地なら、いずれもありえそうな話である。

▼人身御供の名残という神事

水神伝説には、生贄《いけにえ》の伝承も付きものである。箱根神社では毎年7月31日に九頭龍を祀る「湖水

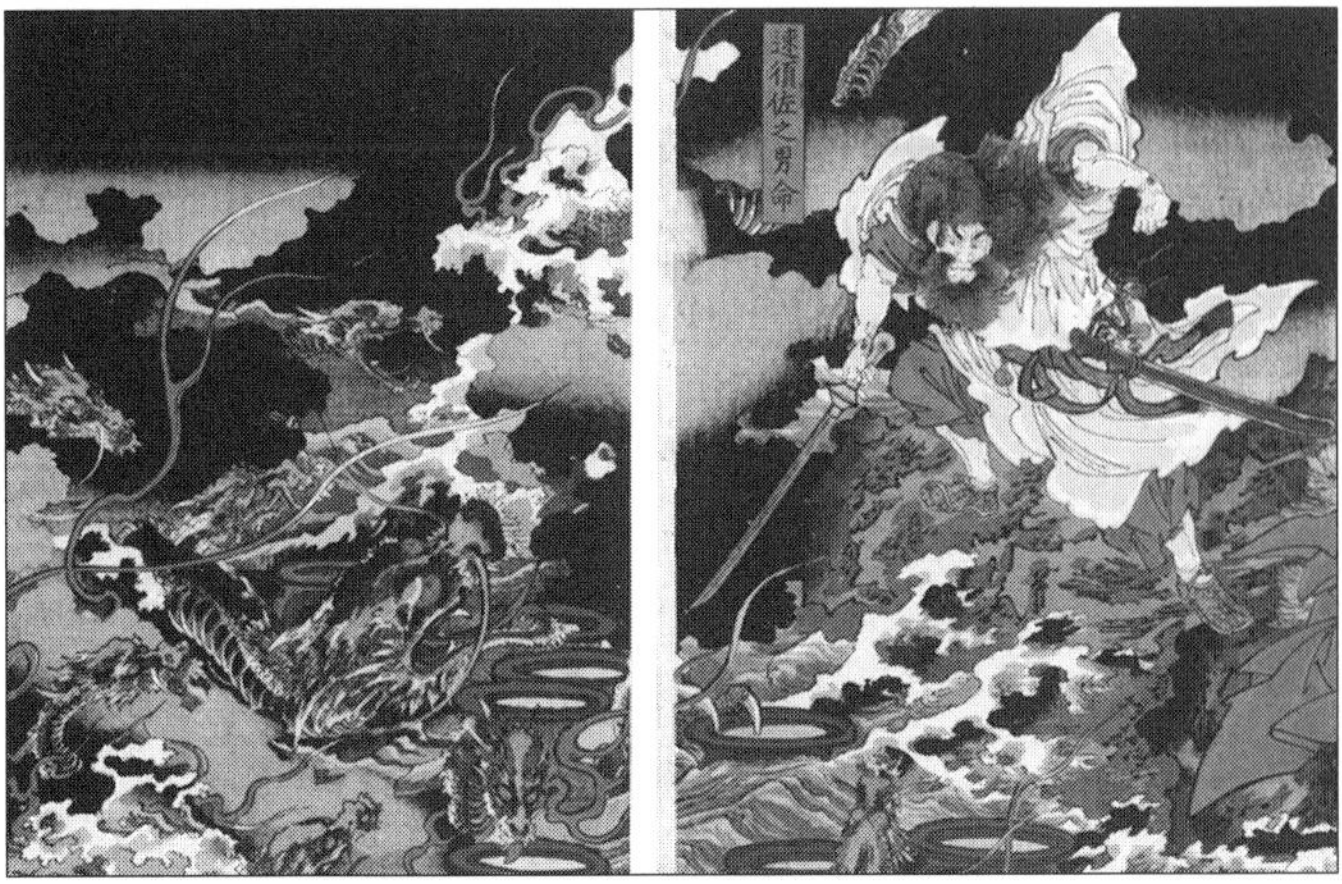

ヤマタノオロチを退治する素戔嗚命（揚州周延）

祭」が行われているが、この神事は人間を生贄にする人身御供《ひとみごくう》の名残だともいわれている。

　神事の最後の夕暮れ時に、神官は船で芦ノ湖の中心へ漕ぎ出し、**龍神への供物《くもつ》を水中に沈める。**供物は赤飯を詰めた飯櫃《めしびつ》だが、昔の人身御供の様子を再現したもの、という説があるのだ。

　古代の芦ノ湖周辺の人々は水害を龍の怒りと考え、これを鎮めるために生贄を捧げていたのだろう。それが人間だったかどうかはわからないが、水神に供物を捧げるという風習自体は日本全国に伝わっている。河川の氾濫を鎮めるために人間を捧げる**「人柱《ひとばしら》」**という生贄もあったため、この地で同じような儀式が行われていたとしても、おかしくはない。なお、この神事では供物が無事に沈まないと、災いが起きるともいわれる。全く沈まなかった年に起きたのが関東大震災だというが、真偽は不明である。

本当は怖い
日本の聖地

40

嫉妬深い女神に人を襲う大男
遠野に伝わる神と妖怪

▼遠野地方の妖怪伝説

岩手県の遠野《とおの》地方は、古くは内陸と海岸部をつなぐ交通の要衝だった。人の出入りが多かったことから、日本各地のさまざまな伝承も、もたらされたと考えられる。また、都市部と離れていたために明治維新後の近代化の波は小さく、江戸時代以前の風習や伝承が村々には残っていた。そうした遠野の伝承を世に広めたのが、柳田國男《やなぎたくにお》である。

農商務省の官僚として全国各地を飛び回った柳田は、あるとき遠野出身の作家から、遠野に伝わる妖怪、神話、災害記録などの伝承を聞いた。そうした伝承をまとめた書籍が、『**遠野物語**』だ。

1910年に発行された初版は少部数だったが、1935年に増補版が出版されると、芥川龍之介

早池峰山山頂

などの著名人がこぞって評価。これによって遠野は妖怪伝説の残る聖地として日本中に知られるようになったのだ。

そんな遠野の聖地のうち、嫉妬深い女神がたたると恐れられる場所がある。それが、修験道の修行場だった**早池峰山《はやちねさん》**である。

▼遠野三山に伝わる女神のたたり

早池峰山は、近隣の石上山《いしかみやま》、六角牛山《ろっこうしさん》とともに「遠野三山」と呼ばれている。この遠野三山に天から光臨したのが、三姉妹の女神である。

遠野の神となった女神たちは、女性に対して非常に厳しい、嫉妬深い神だった。女性が入山すると強力なたたりを起こすと伝えられ、昭和の初期まで女性は入山できなかったほどだ。

たとえばこんな伝承がある。その昔、石上山に巫女が入山しようとしたことがあった。しかし突然、突風が吹いて巫女は乗っていた牛ごと吹き飛ばされてしまう。飛ばされた巫女と牛の体はみるみるうちに固まり、ついには石になってしまったという。この巫女と牛が変化したという姥石と牛石は、今も石上山山中に残っている。

一方で、**早池峰山の女神が罪人を助けた**という伝承もある。地元の村から種もみを盗んだ男が早池峰山に逃げ込み、必死の祈願をすると、女神は種もみを別の種に変えたのである。男はほどなく村人に捕まったが、種もみが異なることに皆が気づくと証拠不十分で解放された。

女神が泥棒を助けるとは不思議な話だが、『遠野物語』によれば早池峰山の女神も、姉から花を盗んだことがあるようだ。

いにしえの時代に母親と三姉妹が遠野の山に降り立ち、山の麓に泊まったことがあった。この夜、母は娘たちに、「一番いい山を今夜一番いい夢を見た子にあげましょう」と告げた。娘たちが期待しながら眠りにつくと、美しい花が天から長女の胸元へと降ってきた。願いが叶ったのは長女、ということである。しかし、これを見た三女は花を熟睡中の長女から奪ったことで、三女が一番美しい早池峰山の神となった。罪人を助けたのは、自分と同じ罪を犯した男に親近感を覚えたからなのかもしれない。

早池峰山から見た遠野の岩山

▼早池峰山に住む山男

『遠野物語』には、**「山男」**という妖怪がよく登場する。山に潜んで人々を襲う大男で、早池峰山へ頻繁に現れたという。入山した村人が約90センチの草履を脱いで爆睡している大男を目撃する話や、子どもたちが肌が黒くて古い風呂敷を担いだ山男と遭遇して逃げ帰った話などが見える。山を降りては子どもや女性を誘拐したといい、山男の出没地を迂回するために界木峠《さかいぎとうげ》が開かれたといわれている。だが、山作業を手伝ってくれたり、不思議な力で子どもの病死を教えたりするなどの伝承もあり、一概に悪の妖怪とはいえない。

これに関して柳田は、山男を単なる妖怪ではなく、**かつてヤマト王権と争った先住民族の末裔とする仮説を立てた。**確かに、やっていることに妖怪らしさは感じられず、むしろ人間に近い。しかし、大規模な調査は行われたものの、柳田が山男に会うことはなかった。

本当は怖い日本の聖地

41 異変を知らせる釜がある伊達氏が崇拝した御釜神社

▼伊達氏も信仰した神社の末社

宮城県塩竈《しおがま》市の**御釜《おかま》神社**は、同市内にある鹽竈《しおがま》神社の末社である。鹽竈神社は古くから東北各地の諸将に信仰され、伊達政宗を輩出した伊達氏からも深く崇拝されてきた。

御釜神社はその末社として置かれた小さな社だが、数ある末社の中でも特別な地位を占めている。なぜなら、**塩土老翁神《しおつちおじのかみ》がもたらしたといわれる御釜が安置されている**からだ。

塩土老翁神は、人間に海水から塩を作る技法を伝えたという神である。鹽竈神社の伝承によれば、天津神《あまつかみ》を地上に案内していた際に塩土老翁神だけがこの地に留まり、現地の人々に製塩技術を伝えたという。そして塩土老翁神は鹽竈神社の祭神となり、神が与えたという塩釜は、末社に安置され

不思議な伝承の釜を安置する御釜神社

ることになったらしい。

いつ頃から祀られたのかは不明だが、鉄製の塩釜が普及したのは平安時代中頃以降なので、それより後だと考えられる。

釜には神の力が宿っているとされており、**中に入った水は決して溢れることも枯れることもない**という。大きな地震に襲われても、一滴も零れることはなかったらしい。こうした釜に関する伝承は全国的にも珍しく、その不思議な由来から「日本三奇」の一つに数えられている。

▼災害を知らせる水の異変

かつて釜は七口あったというが、三口が盗まれて現在は四口しか残っていない。有料であるが、神事以外でも見物は可能だ。四つの鉄釜に錆色の海水がたっぷりと入っているというから、気になる人は参拝して、神のご加護を感じてみるのもいいかもしれない。

ただし、釜の水が透明になっていたら要注意だ。**釜の水の色が変わるとき、それは異変が起きる前触れだとされている**からだ。古くより釜の水の色の変化は吉凶の兆しだと信じられてきた。江戸時代には伊達氏が別当法連寺《ほうれんじ》に水の監視を命令。寺から変色の報告がきたら藩主が鹽竈神社に祈祷を命じ、三日間斎戒《さいかい》をして心身を清めた使者が、御釜神社に参拝することになっていた。

仙台藩の歴史記録『肯山公治家記録《ていざんこうじけ》』によると、変色が確認されたのは1682年に1回、1684年から1688年の間に7回、1689年から1704年の間には4回。記録書には、水が薄とび色や萌黄色《もえぎいろ》に変わったことを示す図も残されている。そうした変化が起きるたびに、藩内で重大な出来事が起きていた。世継ぎの誕生などの吉報も少なくなかったが、災厄も多かったようだ。独眼竜の異名で知られる政宗の死亡時にも水が変色したといわれ、歴代藩主や重臣の死が近づいたときにも変わることが多かったという。

▼塩を引いた牛の石

御釜神社の境内には、「藤鞭社《ふじむちしゃ》」という小さな社と池がある。藤鞭社は神が使った藤の鞭に花が咲いたのを祀った社といわれ、その傍にある小池には、水底に**石と化した神の牛が沈んでいる**という伝承がある。それと関連して、郷土の地誌『奥鹽地名集《おうえん》』には、こんな話が載っている。

伊達政宗像。政宗の法名は貞山。死亡時に御釜神社の釜の水が変色したと伝わる

かつて和賀佐彦《わがさひこ》という地元の神が、子どもの姿になって牛に塩を載せて曳いたことがあった。塩を作り終えた神が仕上げに牛を小池に沈めると、その牛はみるみるうちに石へと変化。その石を地元の人々は「牛石《うしいし》」と呼んで敬うようになったという。

伝承通りかはさておき、池には実際に石が沈んでおり、釜の水を交換する水替神事《みずがえしんじ》のときだけその姿を見られる。水が澄んでいるときなら、普段でも目を凝らせば少し見えるようだ。また、池は海につながっているとする伝承もあるが、実際にはそこまで深くないらしい。

石になったとはいえ、神の眷属《けんぞく》であることに変わりはない。深く信仰すれば動物や人の病を癒すというが、逆に**池や石に唾を吐くなどの無礼を働くと、その者を呪うといわれている。**吉兆を教えてくれるが凶報も運んでくる釜と同じように、牛石もまた福と呪いの両方を備えた神の遺物なのである。

42
伝承はかつての水難事故を表す？富士の裾野に広がる忍野八海

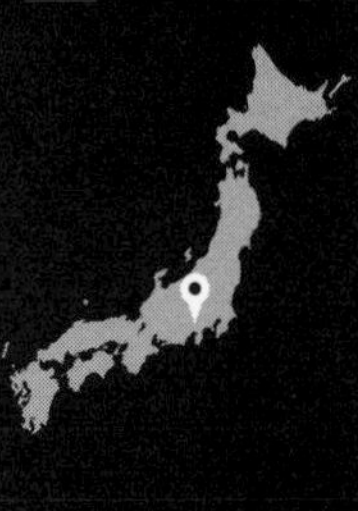

▼富士の裾野にある八海

日本最大の霊山として信仰を集めてきた富士山は、歴史をさかのぼると、麓の湖も信仰対象になっていた。富士講の開祖である角行が日本各地の湖で水行をしたという伝承があり、これにならって信奉者たちも富士山内外の池沼で修行をするようになった。そのような修行地のうち、琵琶湖や諏訪湖といった富士山外にある地は、外八海と呼ばれた。対して富士山麓近辺にあるのは、内八海や富士五湖、そして**忍野《おしの》八海《はっかい》**である。

忍野八海は山梨県忍野村にある湖で、富士山の噴火によって生まれた。元々は宇津湖《うつこ》と呼ばれる湖の一部だったが、延暦《えんりゃく》19（800）年頃に噴火が起きて溶岩が流れると、二つの湖に分かれた。

忍野八海の一つ湧池。底には水中洞窟がある

一方は山中湖として残り、もう一方は八つの湧水口《ゆうすい》を残して干上がった。この湧水口が、現在の忍野八海だ。富士江戸時代には富士講《ふじこう》の修行場として広く知られ、富士の雪や雨が地下水となって湧き出る池の水は、携帯するだけで危険を避けられる霊水として敬われていたという。

他にも水に関する不思議な伝承が多く残っており、富士山の噴火で忍野村が壊滅状態に陥ったときには、神の声に従って村人が祈りを捧げたところ、池から水が湧き出たという伝承がある。また、御釜池《おかまいけ》で洗濯していた娘が大ガエルに水中へと引きずり込まれたという話も残っているが、これと似たような恐ろしい水難事故が、実際に忍野八海の地で起こっている。

▼忍野八海のダイバー遭難事故

忍野八海の一つである**湧池**《わくいけ》には、地下水が流れ込んで作られた水中洞窟がある。湖底に長さ約数十メートルに達するといわれる横道があり、最奥に巨大な水中湖があるといわれていたこともあるようだ。

この横道を調べに入ったダイバーがそのまま戻ってこなくなったという噂話まで語られているが、恐ろしいことにこの噂と同じようなダイバーの水難事故が、実際に湧池で起きている。

事件が起きたのは1987年7月16日のこと。テレビ朝日系列の番組で使用する水中映像を撮るため、41歳のカメラマンと27歳の助手が湧池の横道に潜っていった。

潜水は半時間ほどで終わるはずだったが、1時間を過ぎてもカメラマンは戻ってこない。不安に思った現場スタッフたちが警察に通報し、地元の協力で大規模な救助活動をしたが一向に二人は見つからなかった。**その後、助手は18日、カメラマンは22日に発見されたが、すでに両名ともに息を引き取っていた。**

忍野八海の水は澄んでいるが、横道の中は光源がないため極めて暗い。また、直径は1メートルとかなり狭く、道中は複数の道に枝分かれしていて迷いやすかった。そのため地元民は命綱を付けるようカメラマンに忠告したようだが、2人は少し潜るだけだと忠告を受け入れなかったといわれている。

水中洞窟への侵入は、プロのダイバーであっても命を落とすことのある、危険な行為である。2018年に起きたタイ洞窟遭難事故でも、水中洞窟で救助活動にあたった海軍出身のダイバー

忍野八海の御釜池。洗濯していた娘が大ガエルに引きずり込まれたという伝承がある

一名が溺死している。湧池に潜った二人のカメラマンも、暗く入り組んだ横道の中で現在地がわからなくなり、ボンベ内の酸素が尽きて溺死したのだろう。この事故を教訓にして、現在の忍野八海では水底の賽銭を回収するとき以外、ダイバーの潜水は原則として禁じられている。

水難事故というショッキングな出来事は事件当時話題になり、詳細が判明するまでにさまざまな憶測を呼んだ。やがて事件は忘れられていったが、ダイバーが消えたという神隠しのような噂はその後も語り継がれ、現在に至っている。

この事件と同じように、**古い伝承も現実に起きた事件や出来事が元になっていることが多々ある。**忍野八海には神隠しにあったという伝承が多く残っているが、それらの中にも水難事故が形を変えて語り継がれるケースがあるのかもしれない。

第五章　聖地で起きた歴史的事件

本当は怖い日本の聖地

43 蘇我氏への報復で破壊された？ 石舞台古墳に秘められた歴史の闇

▼石造りの古墳に隠された真相

奈良県高市郡明日香村《たかいちぐんあすかむら》には、一風変わった古墳がある。それが、**石舞台《いしぶたい》古墳**だ。通常の古墳は被葬者の石棺周辺に石室が設けられ、その周囲が土で覆われているが、**石舞台古墳は石棺をおおう石室がむき出しになっている**。

石室の長さは約7・7メートルで、高さは約4・7メートル、使用されている石の総量は約2300トンに及ぶ。国内最大級の規模であり、被葬者の高い身分を物語っている。普通なら、石室がむき出しになるなどありえない人物である。

なぜこのような異質な古墳があるのか？　その謎には、飛鳥時代に起こった大規模な政争が関係

石舞台古墳。6世紀に造られたと考えられる

していると考えられる。

▼皇室を私物化した伝わる豪族

石舞台古墳の被葬者ははっきりとはわからないが、飛鳥時代最大の権力者・**蘇我馬子**《そがのうまこ》だという説がある。そして石室がむき出しになっているのは、古墳が破壊された結果だというのだ。

なぜ馬子の墓が破壊されたのか？　そのヒントは、『日本書紀』に記されている。

厩戸王《うまやどおう》（聖徳太子）とともに物部氏を滅ぼした馬子は、甥の崇峻《すしゅん》天皇を擁立して政治の実権を掌握した。しかし崇峻天皇が馬子に不満を持っていることを知るとこれを暗殺。姪の推古天皇が即位し、蘇我氏の権力は揺るぎないものとなった。その後も後継者の蝦夷《えみし》・入鹿《いるか》親子は権勢を誇り、聖徳太子の息子・山背大兄王《やましろのおおえのおう》を殺して一族に有利な天皇を即位させ、政治をほしいままにしたという。

このような横暴を止めようとしたのが、中大兄皇子《なかのおおえ》と中臣鎌足《なかとみのかまたり》だ。二人は宮中儀式の最中に入鹿を暗殺すると、皇族や他の臣下を味方に引き入れ、実権を掌握。息子の死を知った蝦夷は自分も殺されることを悟り、自宅に火を放って自害した。これが、645年に起きた乙巳《いっし》の変と呼ばれるクーデター事件のあらましである。

蘇我本宗家を滅ぼした中大兄皇子らは、蘇我氏に与する残党を処理する一方で、馬子が眠る石舞台古墳にも攻撃の手を加えた。**盛り土を剥がして石室を露わにすることで、馬子を罰しようとした**とされている。

剥き出しになった石室は、盗掘される危険が高くなる。実際、戦前に発掘調査が行われたときにも、副葬品の大部分は盗まれていた。死者への罰としては、このうえなく厳しいものだ。

▼蘇我氏は悪者ではなかった？

皇位簒奪《さんだつ》の野望を阻まれ、陵墓を破壊された蘇我氏。だが、現在ではその悪評を疑問視する研究者が多い。蘇我氏の悪行を記した『日本書紀』は、鎌足の子孫である藤原不比等《ふじわらのふひと》が編纂に大きな影響を与えた史書だ。先祖をわざわざ悪人として書くはずはなく、**暗殺を正当化するために蘇我氏を実態以上の悪人として描いたというのが現在有力視されている見方**である。

中臣鎌足（左／菊池容斎『前賢故実』国会図書館所蔵）と蘇我馬子（右／「絹本著色聖徳太子勝鬘経講讃図」『日本国宝全集』国会図書館所蔵）

実際には、中大兄皇子が暗殺を決行したのは蘇我氏の横暴を止めるためではなく、**政策の対立に起因**すると考えられる。当時、ヤマト王権は朝鮮半島の新羅《しらぎ》と敵対しており、その対応をめぐって朝廷内で意見の相違があったといわれている。つまり、蘇我氏を悪党とする通説はもう通用しなくなっているのだ。

石舞台古墳の盛り土がなくなった理由はいまだにわかっていないものの、このような新常識を踏まえると、中大兄皇子が蘇我氏を貶めようとしたからだと考えるのも、あながちおかしくはないだろう。

ただ、乙巳の変に始まる政変については謎が多く、石舞台古墳から盛り土が除去された理由もはっきりとわかっていない。盗掘被害がひどすぎて証拠となる遺物がほとんどないので、馬子の陵墓であると決定づけるものもない。石舞台古墳の真相。それはいまだに古代史の闇に包まれているのだ。

本当は怖い
日本の聖地

44 強大な軍事勢力でもあった比叡山延暦寺

▼焼き討ちされた総本山

滋賀県と京都府の県境に跨《またが》る**比叡山**《ひえいざん》は、伝教大師《でんきょうだいし》こと最澄《さいちょう》が開いた霊峰である。修行僧時代の最澄が小堂を建てたことで仏教が持ち込まれた。このときの小堂を増築したのが現在の延暦寺である。最盛期には3000を超える御堂が建ち、法然《ほうねん》、日蓮《にちれん》、親鸞《しんらん》といった名僧が多数輩出されたことから「日本仏教の母山」とも呼ばれたが、時には悲劇の舞台にもなった。元亀《げんき》2（1571）年、織田信長は敵対する浅井《あざい》・朝倉《あさくら》家の兵を匿《かくま》ったとして、延暦寺への焼き討ちを決行。徹底した攻撃で御堂の大半が焼け落ち、女子どもを含めた約4000人が虐殺されたのだ。近年では実際の犠牲者はもっと少なく、攻撃対象も別の場所だったという説が有力だが、神仏を恐れない信長に当時の

信長による比叡山焼き討ち（岡田玉山『絵本太閤記』国会図書館所蔵）

人々が恐れをなしたのは確かである。

敵対者を助けただけで攻撃するとは、信長も非道な仕打ちをするものだが、当時の比叡山と延暦寺を知ると、また違った見方も浮かび上がる。戦国時代の比叡山は現在のようなおごそかな聖地などではなく、独自の領地を持ち、自前の兵士で周辺地域を脅かした軍事勢力でもあったからだ。

▼軍事組織としての比叡山

「賀茂河の水、双六の賽、山法師、是ぞわが心にかなわぬもの」

平安時代後期の白河上皇が残したという一句である。この句は上皇でも好き勝手にできない三つのものを挙げており、一つは川の流れ、もう一つはサイコロの目、そして最後の山法師は、比叡山の僧侶である。

今でこそ寺院は仏教の教えに基づく宗教施設だが、

平安時代後期から江戸時代までは、独立した武装勢力でもあった。「寺領《じりょう》」と呼ばれる独自の経済圏を持ち、そこから得た収入で兵力まで保持していたのである。これが有名な**「僧兵」**だ。

野盗から寺を警護するために僧兵が現れたと考えられるが、平安中期から治安の悪化、朝廷の支配力低下などが表面化すると、寺院同士の対立や派閥争い、朝廷への示威行動に、僧兵は動員されるようになる。

比叡山は近江国《おうみのくに》（滋賀県）の流通網や経済圏を掌握しており、その経済力を背景に巨大な武装勢力を築き上げた。僧兵の数は最盛期には4000人、末社をすべて含めると数万規模になったという。

そんな比叡山の横暴に、朝廷や幕府はなす術《すべ》もなかった。伝統ある聖地であることに変わりはなかったし、莫大な財力を背景に有力者とのつながりを強化していて手が出しにくかった。明応《めいおう》8（1499）年に幕府管領《かんれい》の細川氏が比叡山を焼き討ちにしているが、すぐに復興されている。この頃には寺院の内外は櫓《やぐら》や壁で砦のように強化されて、さながら武装集団のアジトのような有様だったとされている。

▼焼き討ちを躊躇していた信長

比叡山の焼き討ちを決行した信長にしても、実は当初は攻撃を躊躇し、対話による解決を試みていた。いかに権力がある信長でも、由緒ある聖地への攻撃は避けたかったのだろう。しかも信長の

中世の僧侶たち。延暦寺のような大寺院は生き残りのため、武装した僧兵を抱えた（「天狗草紙」東京国立博物館所蔵）

要求は、浅井・朝倉軍への協力をやめて織田軍についたら占領中の領地はすべて返還、味方になれないなら中立でも構わない、と比叡山にかなり譲歩していた。しかし、こうした要求を比叡山が一切無視したことで、信長は比叡山への攻撃を決めたのである。

また、信長は比叡山への攻撃の理由として、僧侶の堕落を挙げている。比叡山には妻帯する僧侶が少なからずおり、肉食や飲酒などはもちろん、金貸し業に手を染める僧侶もいたようだ。

こうして決行された焼き討ちによって比叡山は弱体化し、**信長が死ぬまでは再建は許されなかった。**ようやく復興が本格化したのは豊臣や徳川の時代に入ってからだった。

現在では仏教の聖地としてあがめられている比叡山だが、かつては武力と財力を背景に、権力を欲しいままとした時代もあったのである。

45
平家の繁栄と衰退の象徴
平清盛に愛された厳島神社

▼中国地方の世界遺産

厳島《いつくしま》神社は、瀬戸内海の広島県厳島に建つ中国地方有数の神社である。海上に建つ本殿と朱塗りの大鳥居が特徴で、航路の安全と商売繁盛の聖地として信仰を集めている。古くは島全体が聖地とされており、鎌倉時代までは神職ですら祭礼時を除いて上陸できなかった。厳島の名も「神を斎《いっ》き祀る島」が由来であるという。

縄文時代から聖地だったといわれるが、社殿が本格的に創建されたのは平安時代に入ってからである。このとき厳島神社を支援したのが、平家の棟梁・平清盛《たいらのきよもり》だ。平家の支援によって神社の知名度は全国に広がっていくのだが、同時に**清盛の栄光と没落を象徴する地になっていく**のである。

厳島神社の大鳥居。現在の鳥居は 1875 年のもの。2019 年 6 月から大規模な修理が行われている

▼平家の繁栄と衰退の象徴

平清盛は、武士として初めて権勢を極めた、平安時代末期の覇者である。白河《しらかわ》・鳥羽《とば》両上皇の側近として朝廷内で勢力を固めたのち、対抗する源氏を政治中枢から排除し、朝廷に一大勢力を築いた。

そんな清盛が熱心に信仰したのが、厳島神社である。昇進や世継ぎの出産といった重要な出来事が起きるたびに参拝している他、経済的な支援や、平家繁栄を願った「平家納経《へいけのうきょう》」の奉納をしている。

清盛が厳島を重んじたのは、同地が瀬戸内海の海洋拠点に近かったからだ。中国大陸の大国宋《そう》との交易に目を付けた清盛は、海上交通の要衝であった瀬戸内海に注目し、主要航路として厳島周辺を整備していた。厳島神社は、そうした交易の安全を祈願するために尊ばれたのである。

まさに平家の興隆を象徴した神社であるが、衰退の前触れが起きたのもまた厳島神社だった。

治承《じしょう》4(1180)年、天皇の座を退いた高倉《たかくら》上皇は、厳島神社への参拝を計画した。退位後に神社詣でをする習わしがあったからだが、京都近辺の神社を選ぶのが一般的だったため、この選定は異例だった。清盛が関わっていたようだが、これに猛反発したのが、これまで参拝先となってきた寺社だった。延暦寺は比叡山にある日吉《ひよし》大社に参拝すべきと批判し、他の神社や寺では僧兵による妨害も計画された。

しかし、一時は延期したものの、清盛は厳島への参拝を強行。その結果、全国の寺社に平家への不信感を根付かせることになったのである。他にも、平家は寺領取り上げなどで敵に回した寺社が少なくなかったため、源頼朝が平家打倒を掲げて決起すると、**大寺院は平家を見限った**のだ。息子の宗盛《むねもり》は比叡山を味方にしようと寿永《じゅえい》2(1183)年に厳島と縁を切ったが、大した効果はなかった。それどころか、厳島の加護を失ったように敗北を重ね、平家は滅亡したのである。

▼島を守るためのタブー

平家滅亡後も厳島神社は源氏の庇護下で発展した。鎌倉時代には島内にも集落が形成されたが、厳島は元々、人が入れない聖地だった。島民は環境を破壊しないよう、いくつかの禁足事項を守らなければいけなかった。

高熱にうなされて苦しむ平清盛（月岡芳年「平清盛炎焼病之図」部分／国会図書館所蔵）

たとえば、**厳島に住む者は野菜や穀物の栽培が禁じられた。**畑を作るには森を伐採する必要があるからだ。また、森のサルや鹿は神の使いなので、捕まえたり殺したりすることは許されない。家の食べ物を奪われても駆除は厳禁。危害を加えかねない犬も飼育してはいけない。しかし神社の供え物を食べたときだけは、捕まえて島外に放り出すことが許される。

死や血に関する事柄は、もっとも忌み嫌われた。女性は生理を迎えると小屋に軟禁され、出産すると母子は島内から出て、島外で１００日過ごすまでは帰還できなかった。死者を葬るのも、対岸の赤崎でなければいけなかった。こうしたタブーは江戸時代に「厳島服《ぶっ》忌令《きりょう》」という幕府公認の法として発せられている。

撤廃されたタブーも多いが、墓は現在も島内に置かれていない。平家の盛衰を見届けた聖地には、今もかつての信仰が息づいているのである。

本当は怖い日本の聖地

46 奥州の権力者のミイラを祀る中尊寺金色堂の極楽浄土

▼黄金に輝く国宝の御堂

岩手県の平泉《ひらいずみ》にある**中尊寺**《ちゅうそんじ》は、金色堂があることで有名だ。天治《てんじ》元（１１２４）年に建てられ、その名の通り一面が金箔で金ずくめにされている。内部に置かれた32体の仏像までが金一色の堂舎である。

これほど豪華な姿になったのは、平安時代末期まで東北を治めた奥州藤原氏《おうしゅうふじわらし》が、地上に極楽を再現しようとしたからであった。そして金色堂の下には、今も東北を支配した奥州藤原氏のミイラが眠っているのだ。

奥州藤原氏初代当主・清衡と２代当主・基衡（「三衡画像」部分／毛越寺所蔵）

▼黄金郷の栄枯盛衰

かつて、東北地方は日本有数の金の産出地として知られていた。平安末期までは特別な産金地帯として、朝廷に多額の献金を行っている。

この地に点在していた豪族たちを11世紀半ばから起きた紛争で倒し、１００年にわたって東北の覇権を握ったのが奥州藤原氏だ。

豊富な金を背景にして京の貴族に匹敵する繁栄を謳歌し、その莫大な経済力を武器に金色堂を建立した。多量の金と最高峰の職人を集め、御堂を黄金色に彩って極楽浄土を再現しようとしたのである。藤原家４代のミイラが安置されているのも、この御堂が極楽浄土そのものとして尊ばれたからだろう。

しかし、東北に築かれた黄金郷の繁栄は、長くは続かなかった。兄・源頼朝に反逆者扱いされた源義経を匿ったとして責任を問われ、ついには攻め滅ぼされたのである。

かねてから東北の覇権奪取を狙っていた頼朝にとって、義経が平泉に逃げ込んだことは、まさに好都合だった。義経を匿った秀衡《ひでひら》が病死すると、頼朝は東北への圧力を強化する。家督をついだ泰衡《やすひら》はこれに屈し、義経を自害に追い込んでいる。にもかかわらず、頼朝は義経の死を知りながら平泉征伐を決行。2カ月続いた戦いで平泉の都は大部分が焼け落ち、泰衡は家臣の河田次郎《かわだのじろう》の裏切りで死亡した。

こうして東北の黄金郷は奥州藤原家4代とともに滅び、中尊寺の金色堂だけが、かつての栄光の名残を今に伝えている。

▼調査で判明したミイラの実態

藤原家4代の遺体がどのような経緯でミイラ化したかは、長くわかっていなかった。江戸時代の修復作業でミイラの観察記録が残されたと伝わるが、当時はミイラを興味本位で見ると呪われるという噂があったせいか、大々的に調べられることはなかった。

状況が変わったのは1950年のこと。この年の3月下旬の数日間で、初めてミイラの学術調査が行われたのである。これによって、藤原4代の死因など、多くの謎が明らかになった。

まず、**ミイラはエジプトに見られるような人工物ではなく、自然にできた可能性が高い**。遺体に

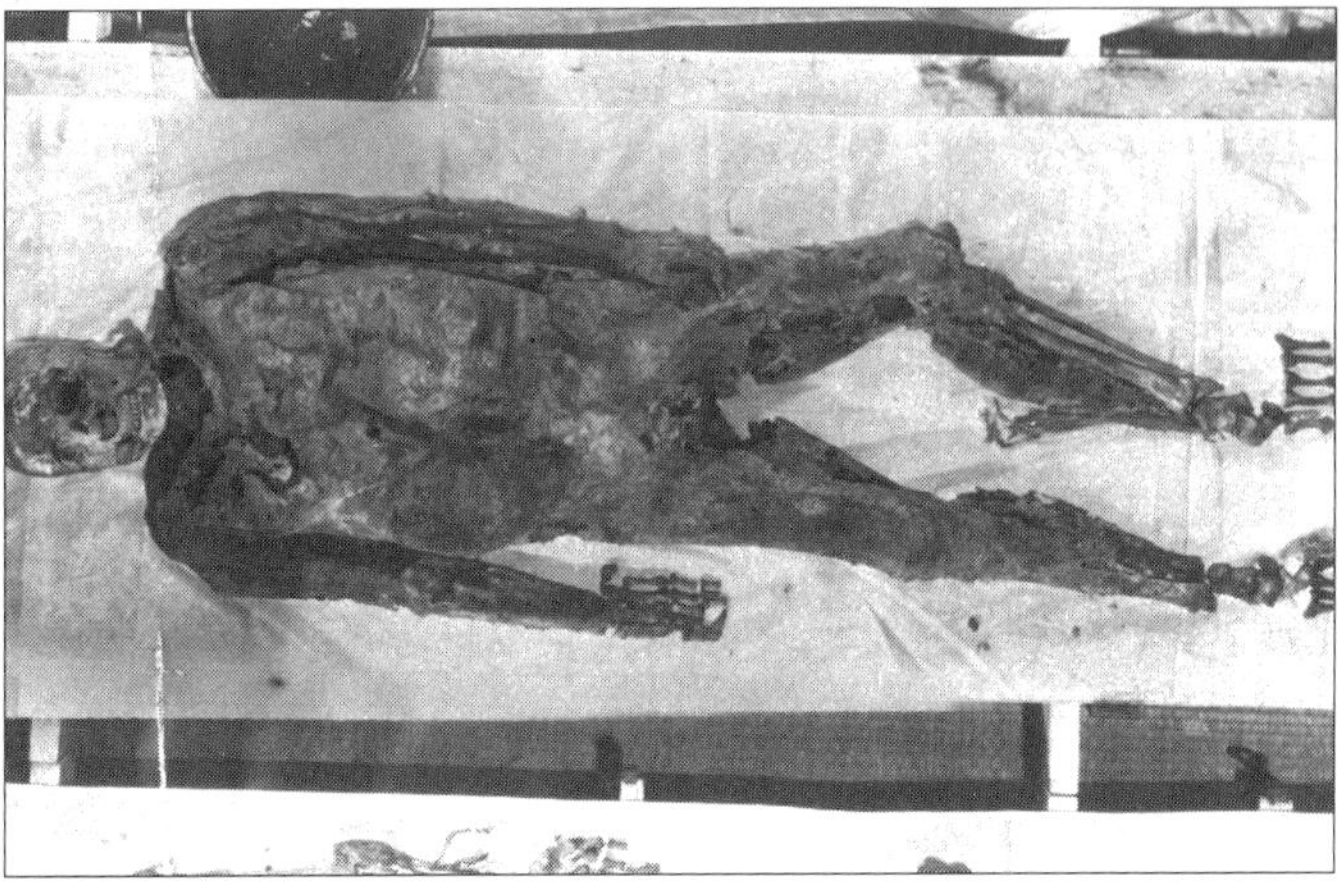

かつて大阪市における中尊寺秘宝展で披露された藤原秀衡のミイラ（朝日新聞社提供）

人為的な形跡が少なく、保存状態にばらつきがあるからだ。初代・清衡《きよひら》の遺体は大部分が白骨化していて損傷が激しかったが、これは夏場に安置されたからだと推測されている。また、レントゲン調査で左半身の骨格の委縮がわかり、晩年は半身不随になっていたことが判明した。

2代目の基衡《もとひら》の場合は、体が肥満体だったことから高血圧や腎疾患によるむくみに悩まされていたことが窺える。**3代目の秀衡はもっとも保存状態がよく、顔の皮膚のゆるみまでが残っていたという。**しかし先代と同じく肥満体で右半身にも骨の萎縮があり、脳溢血《のういっけつ》で突然死したとみられている。そして最後の泰衡は首だけしか残っていないが、眉間に釘跡らしき穴が残っており、悲惨な争いの歴史を物語っている。

ミイラは調査後に棺へと戻され、今も金色の御堂の下に眠っている。

本当は怖い日本の聖地

47 時代を変えた大乱が起きた御霊神社にこもる怨念

▼怨霊を鎮める御霊信仰

御霊《ごりょう》神社は、死んだ人間の魂を鎮めるために建てられた神社だ。祀られるのは、無念の死を遂げた人物であることが多い。古代の人々は大事故や災害を悪霊の仕業とし、そうした霊を神としてあがめ奉れば、平穏が戻ると考えた。このような信仰体系を「御霊信仰」という。

京都市にある二つの御霊神社も、この御霊信仰に基づく神社である。上京区にあるほうは通称を「上御霊《かみごりょう》神社」といい、中京区のほうには下御霊《しもごりょう》神社が鎮座している。上御霊神社は8世紀後半、下御霊神社は9世紀半ばの創建だ。

全国には多くの御霊神社があるが、これら上・下の御霊神社は他の御霊神社よりも歴史的な重要

応仁の乱の舞台になった上御霊神社（Naokijp ／ CC BY-SA 4.0）

度は高いかもしれない。**室町時代に日本全土を巻き込んだ「応仁の乱」が上の神社から始まり、下の神社の祭神には、政治抗争で謀殺された皇室の親子もいるか**らだ。

▼室町時代最大規模の戦い

応仁の乱は、戦国の世の幕開けになったともいわれる、室町時代最大規模の戦いである。室町幕府の将軍争いと有力守護大名の御家《おいえ》騒動が絡んで大規模化し、大乱は11年も続いた。

乱が始まった地こそ、上御霊神社である。

この頃の室町幕府はナンバー2の座にあった管領《かんれい》家の発言力が大きく、そのうちの細川勝元《かつもと》が事実上の支配者だった。そんな頃に同じ管領家の畠山家で義就《よしひろ》とその従兄弟《いとこ》の政長が跡目争いを起こすと、他の有力者を巻き込んで騒動を複雑化させていく。紆余曲折を経て将軍の義政が政長を失脚させたが、勝元の後ろ盾を得た政長は、強気の姿勢に出た。将軍の信任を失った大名は京から離れるのが常識だったが、政長は自ら屋敷を焼き払うと、約2000人の兵を率いて上御霊神社の森に陣を構えたのである。

これに激怒した義就は、管領家の有力者・山名宗全《そうぜん》の援軍を含めた約3000人で攻撃を仕掛ける。丸一日続いた戦闘は義就が勝利し、勝元の勢いも衰えたが、これは始まりに過ぎなかった。宗全が幕府内の覇権を握った一方で、後退した勝元は各地の諸将を取り込み、反撃の機会を窺った。

こうして、京を中心とした全国的な大乱が勃発することになったのだ。

▼政争で殺された人々の怨念

一方の下御霊神社も黒い一面のある神社だ。上・下御霊神社の祭神には、奈良・平安時代の政争に巻き込まれた人物が少なからずいる。中には皇室の親族もいた。たとえば、下御霊神社に合祀された**伊予親王《いよしんのう》**は桓武天皇の実子で、性格は真面目で器量もよく、政治家としても優れた人物だったという。だが、**その最後は母親もろとも自殺に追い込まれるという悲惨なものだった**。

平城天皇が即位した大同《だいどう》2（807）年、伊予親王は藤原宗成《ふじわらのむねなり》から、朝廷へ謀反を起こそうと誘いを受けた。伊予親王はこの誘いを断ったが、企てがばれて朝廷に捕縛された宗成は、首謀者は伊予親王だと嘘の告白をしてしまう。朝廷は伊予親王とその母親を捕らえると、無実を訴える声

下御霊神社に祀られている藤原広嗣（菊池容斎『前賢故実』国会図書館所蔵）

に耳を貸すこともなく奈良・飛鳥にある川原寺《かわらでら》に追放。すると、伊予親王と母親は朝廷の態度に絶望し、最後は毒を飲んで心中してしまったのである。

政争の犠牲者はこの親子だけではない。上御霊神社に祀られる**早良《さわら》親王**も暗殺事件への関与を疑われて護送の途中に憤死し、藤原広嗣《ひろつぐ》も政治抗争の最中に謀反を起こして死んだ人物だ。

平安時代の朝廷は、このように無惨な死を遂げた人間は悪霊となり、現世に災いを起こすと考えた。早良親王の死後にも大規模な災害や疫病が相次いだといわれており、朝廷は恐怖でおののいた。そうした怨霊の復讐から免れるために開かれたのが御霊会《ごりょうえ》だった。そして上下の御霊神社を創建し、**死者たちを神とあがめてたたりを鎮め、同時に彼らを殺した罪を浄化しようとした**のである。上・下御霊神社は、平安貴族たちが抱いた罪悪感の表れでもあるのだ。

48 首洗いの井戸に伝わる南北朝の動乱の悲劇

▼格式高い神社に存在する不吉な井戸

奈良県と大阪府の県境に跨《またが》る生駒山の麓に、枚岡《ひらおか》神社という神社がある。「河内国《かわちのくに》の一之宮《いちのみや》」として古くから存在する由緒ある神社だが、その境内に奇妙なものが存在している。それが**「楠《くすのき》（楠木とも）正行《まさつら》公《こう》縁《ゆかり》の井戸」**と呼ばれる井戸だ。

楠木といえば、鎌倉時代から南北朝時代にかけて活躍した武将・楠木正成《まさしげ》が有名だが、正行はその息子だ。有名武将の子と井戸、そこには不吉な因縁がある。

正行の父・正成は、鎌倉幕府打倒の立役者である。この正成と同じく幕府を倒すのに大きく貢献したのが、足利尊氏だ。二人とも後醍醐天皇を主君と仰いで鎌倉の武家政権を倒したが、尊氏が

四條畷の戦いに敗れて瀕死の楠木正行（月岡芳年「演劇改良　吉野拾遺四條縄手 楠正行討死之図」部分）

武士を顧みない後醍醐天皇に反発するようになると、正成とも対立。幾度も軍事衝突を繰り返したが、結局正成が敗れて自害に追い込まれている。『太平記』によると、正行はまだ10歳前後の少年だった。

正行は父の遺志を継ぐべく、足利政権打倒に向けて幾年も戦いに邁進したが、父の死から11年が経った頃、劣勢の中幕府軍と衝突して大敗。自らも重傷を負い、進退窮まった正行は、一族郎党とともに自害に至った。弟・正時と互いに刺し違えるという壮絶な最期だったという。

その正行の首を洗ったのが、枚岡神社の井戸であったと伝わる。井戸がかつて**「正行首洗いの井戸」**と呼ばれていたのもそのためである。井戸は境内に隣接する枚岡梅林の入口にあり、形は正方形で一辺が約1メートル、高さがおよそ60センチメートル。何の変哲もないように見えるが、歴史を知るとその奥からは若き命を散らした武将の無念の叫びが聞こえてきそうだ。

正行の首は、その後どうなったのだろうか。東大阪市山手町には、首級を葬ったと伝わる「正行の首塚」が残っている。石塔が安置されており、そこには楠木氏の家紋である菊水紋がかろうじて見て取れる。

また、不思議なことに正行の墓は、大阪から900キロ以上離れた鹿児島県の甑島《こしきしま》にも存在する。言い伝えによると、足利勢に敗れた正行ではあったが一命は取り止め、一族とともに、この東シナ海海上の小島に落ち延びた。その後、現在の中甑《なかこしき》港に近い金吾山《きんごやま》に砦を築いて捲土重来《けんどちょうらい》を期すも、結局は時運に恵まれることなく、失意のうちに生涯を終えたと伝わる。史実である可能性は低いが、このような落人伝説が広まったのも「正行にどこかで生き延びていて欲しい」という人々の願いがあったからだろう。

▼源義経、吉良上野介の首を洗った井戸

ところで、人の首を洗ったと伝わる井戸があるのは、枚岡神社だけではない。同じ南北朝時代に関連するものなら、横浜市戸塚区に**「護良《もりよし》親王の首洗い井戸」**がある。護良親王は後醍醐天皇の第三皇子で、征夷大将軍の地位にあった人物だが、足利尊氏と対立したために鎌倉・東光寺に幽閉された。諸説あるが親王は後に暗殺されたといわれ、その首を洗ったのが戸塚区の井戸であるという。

源義経の首を洗うのに使われたという伝承のある井戸

また同区の西に隣接する神奈川県藤沢市には、源義経ゆかりの**「伝義経首洗い井戸」**が存在する。義経は平氏追討において最大の功績を挙げながらも、兄・頼朝に追われて奥州平泉の地で自害した。義経の首は鎌倉に送られた後、腰越《こしごえ》の浜（腰越海岸）に捨てられるも潮に乗って漂着し、里人によってこの井戸で洗い清められたと伝わる。

比較的新しい時代のものとしては、東京都港区の泉岳寺にある首洗い井戸が挙げられる。これはあの**忠臣蔵にまつわる井戸**だ。元禄15（1702）年、赤穂浪士《あこうろうし》は主君・浅野長矩《あさのながのり》の仇である吉良上野介《きらこうずけのすけ》の邸に討ち入りを果たして本懐を遂げると、その首級を泉岳寺の井戸水で洗ったのだという。そして吉良の首は、同寺に祀られていた長矩の墓前に供えられたと伝わる。後に切腹処分となった四十七士の亡骸もこの寺院に埋葬されている。

本当は怖い
日本の聖地

49

秀吉の恐ろしさを物語る豊国神社の耳塚

▼豊臣秀吉による朝鮮半島侵攻

一介の足軽から破竹の勢いで出世を遂げ、天下人にまで上り詰めた豊臣秀吉。京都市東山区に鎮座する豊国《とよくに》神社は、その秀吉を神として祀った神社である。神社は豊臣家の滅亡とともに廃祀《はいし》となったが、明治天皇の勅令によって再建され、現在では「ほうこくさん」の呼び名で親しまれている。

秀吉の偉業を今に伝える神社だが、一方で門前には、その非道さを伝えるスポットもある。それが**「耳塚（鼻塚）」**である。塚は直径約26メートル、高さ約7メートルで、頂上には巨大な五輪塔が立つ。この塔の下に、**秀吉の朝鮮出兵で犠牲になった人々の耳や鼻が葬られている**のだ。

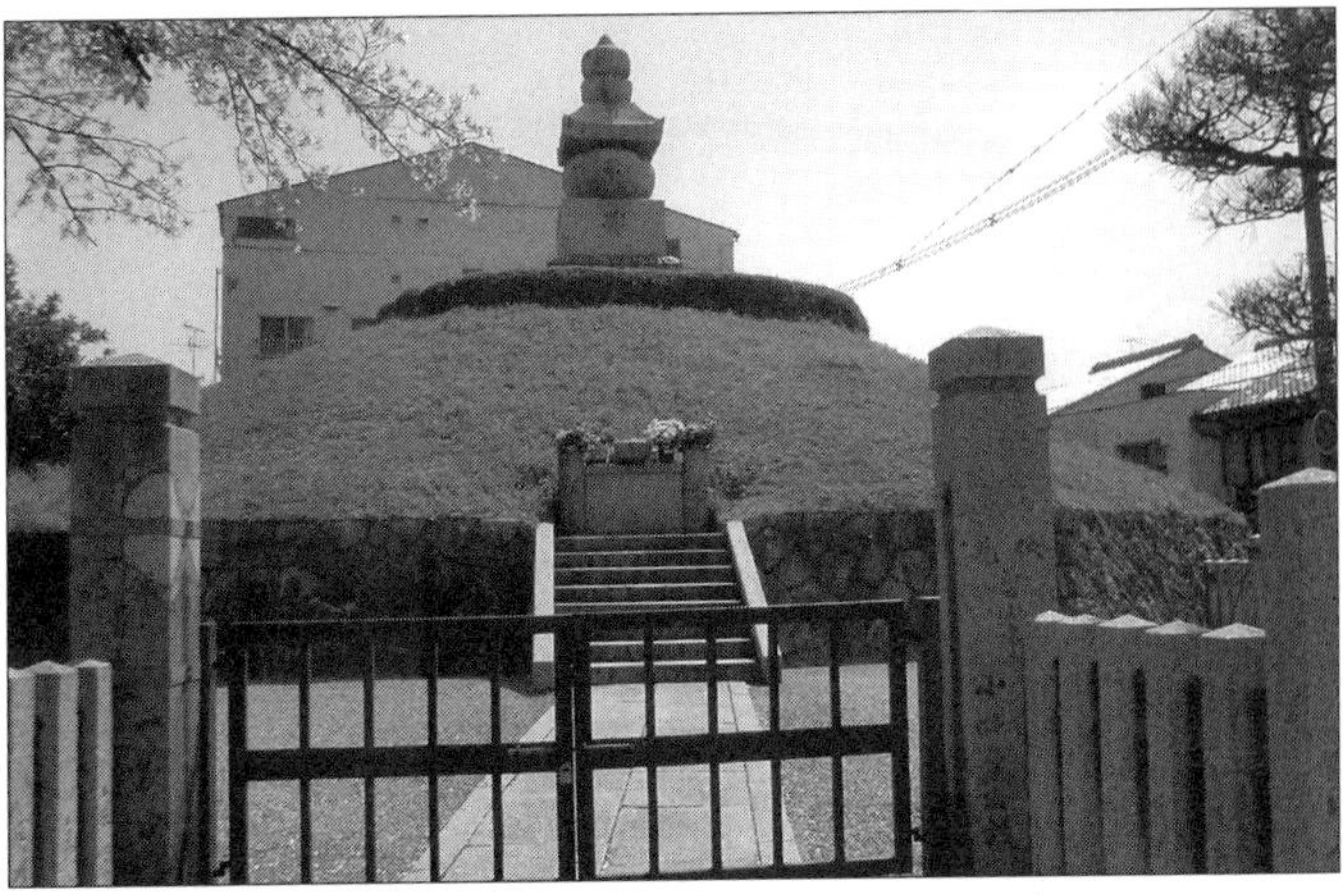

豊国神社の近くにある耳塚（+－/CC BY-SA 3.0）

▼首の代用品となった耳と鼻

天正20（1592）年4月、秀吉率いる日本軍は、大陸制圧の足掛かりとして朝鮮半島南部へ侵攻。釜山城《ふさんじょう》を襲うと瞬く間にこれを陥落させ、その3週間後には李氏《りし》朝鮮の首都・漢城《かんじょう》を制圧した。

この過程で行われたのが、「耳鼻削ぎ」である。文字通り人の顔から耳や鼻を切り取るという、恐ろしい行為だ。これには現地の人々も恐怖を感じたようだが、兵員らの本来の目的は、戦功報告として用いることにあった。

戦国の世において軍功の証となったのは、敵の首である。自分の手柄だと証明するため、敵を討ちとった者はその首を携え、本拠地へ戻っていくのが習わしだった。しかし実際には、戦場と本拠地が離れていることがままあり、首の輸送が困難になることもあった。そうした場合、**耳や鼻が首の代用にされる場合があった**のだ。朝鮮出兵時の耳鼻削ぎはまさにこのケースで、秀吉は「人には両耳と一つの鼻がある。これをもって首級に代えん」と、敵兵の耳や鼻を送るよう指示を出していた。薩摩国《さつまのくに》（鹿児島県）の島津家に残る『征韓録』にも「今日討捕る首、七十余り、耳と鼻を切った」とあり、文書ではそれらを秀吉に献じたこと、そしてその武勲を称える「御感状」を賜ったことが記されている。

▼ノルマまで課された耳鼻削ぎ

本来は戦功報告のための耳鼻削ぎだったが、次第に悪い方向へとエスカレートしていく。秀吉は諸将に対し、切り集めた鼻が枡一升を満たした場合には「生擒《いけどり》せしむるを許す」、つまり現地住民の生け捕りを許可する、という恐ろしい通知も下していた。

戦国時代の日本では、戦闘地域の住民を兵士が捕まえ、売り飛ばす**「人取り」「乱取り」**が頻繁に行われていた。いわゆる奴隷狩りである。秀吉は敵を多く討ち取った者への褒美としてこれを認め、部隊の士気を高めようとしたのだ。

人取りは下級兵士のみならず、支配層にもメリットがあった。朝鮮出兵では多くの人員が動員されたため、領内の農業の担い手が減り、田畑が荒廃するケースが少なくなかった。そこで朝鮮半島の人々を連れ帰り、農業労働力を補充しようとしたのである。

しかし、本来は敵兵を倒すことが目的だったはずが、**いつしか耳鼻削ぎ自体が目的化していき、**

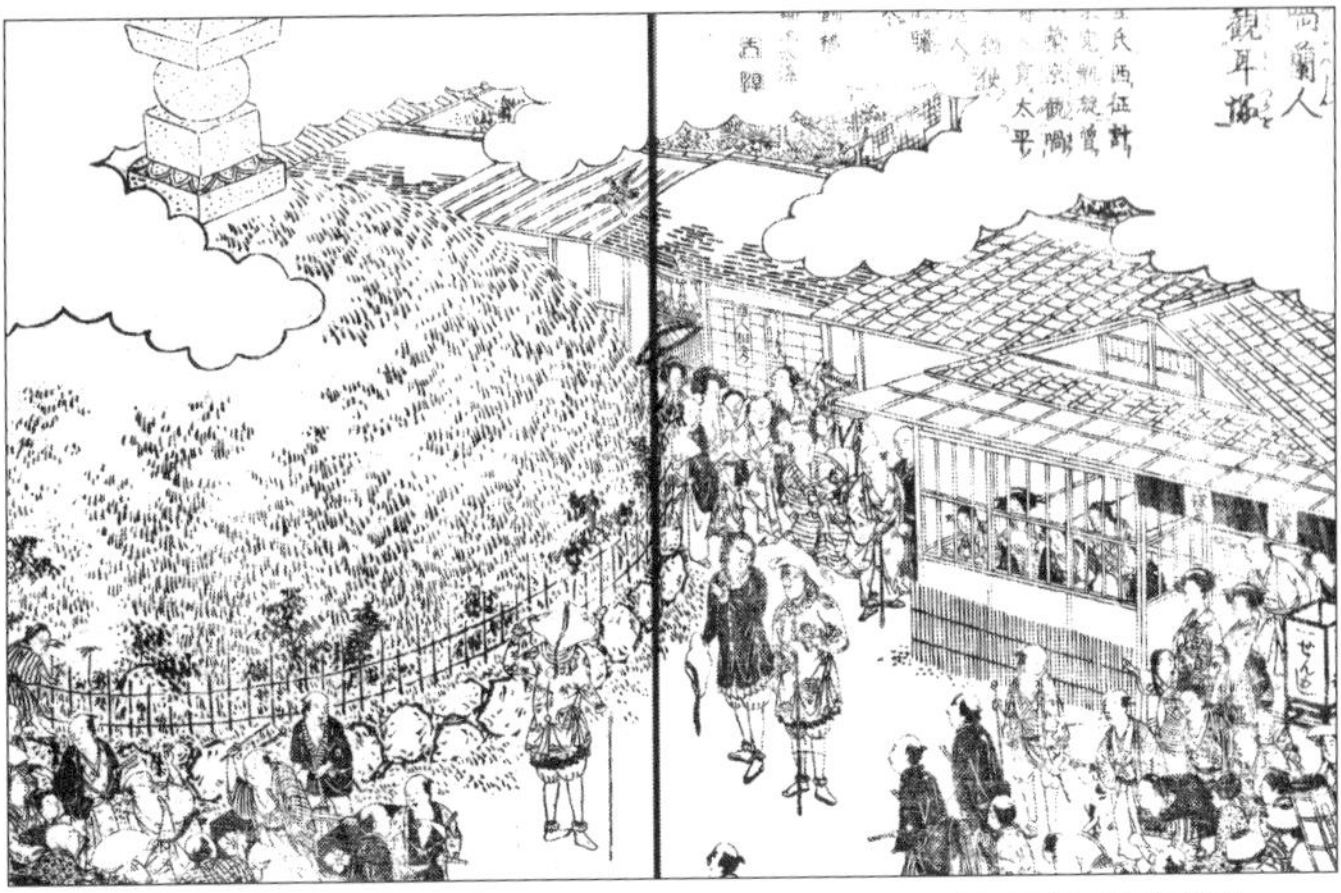
耳塚を見学するオランダ人（中央二人組）（『都林泉名勝図会』国会図書館所蔵）

一般人の被害が拡大していってしまう。 それは空前の規模となり、周防国《すおうのくに》（山口県）毛利家の家臣・吉川広家《きっかわひろいえ》はおよそ480個の鼻を、藤堂高虎《とうどうたかとら》は約270個、肥前国（佐賀県）の鍋島家にいたっては3300を超える鼻を秀吉に送り届けたことが記録されている。秀吉の子飼いの武将、加藤清正に至っては「家臣1人につき鼻三つ」とのノルマを課したため、数合わせのために非戦闘員の耳と鼻を奪う者まで現れたといわれる。

秀吉のもとに送られた耳や鼻は防腐処理のため塩漬けにされていたが、そのまま放置するわけにもいかず、慶長2（1597）年には埋葬施設が設けられた。これが耳塚である。同年には400人もの僧侶が招集されて大々的な供養が行われたといわれる。秀吉も、さすがにやりすぎだと感じていたのだろうか。

翌年に秀吉が死亡すると、部隊は日本へ撤収。これにより日本兵による耳鼻削ぎも終息に至ったのである。

本当は怖い
日本の聖地

50
徳川家の権威を高めた日光東照宮建立計画

▼神君家康を祀る聖地

聖地は人々の信心を集めてきた一方、権力者に政治利用されることも多々あった。中には、支配体制を固めるために新たな聖地を造り出した者もいた。そのひとりが、**日光東照宮に祀られる徳川家康**だ。日光に全国から招集された職人が造った55棟の建造物は、多くが極彩色に彩られ、社殿の数々は豪華な彫刻で飾られた。その様相は江戸時代から評判になり、「日光を見ずして結構と言うなかれ」といわれたほどだ。

まさに日本を代表する神社だが、創建当初は今とは別の場所にあって、建物は地味なものだった。それが現在のような豪華絢爛《けんらん》な構造になったのは、**家康を神とあがめて徳川家の権威を拡大すると**

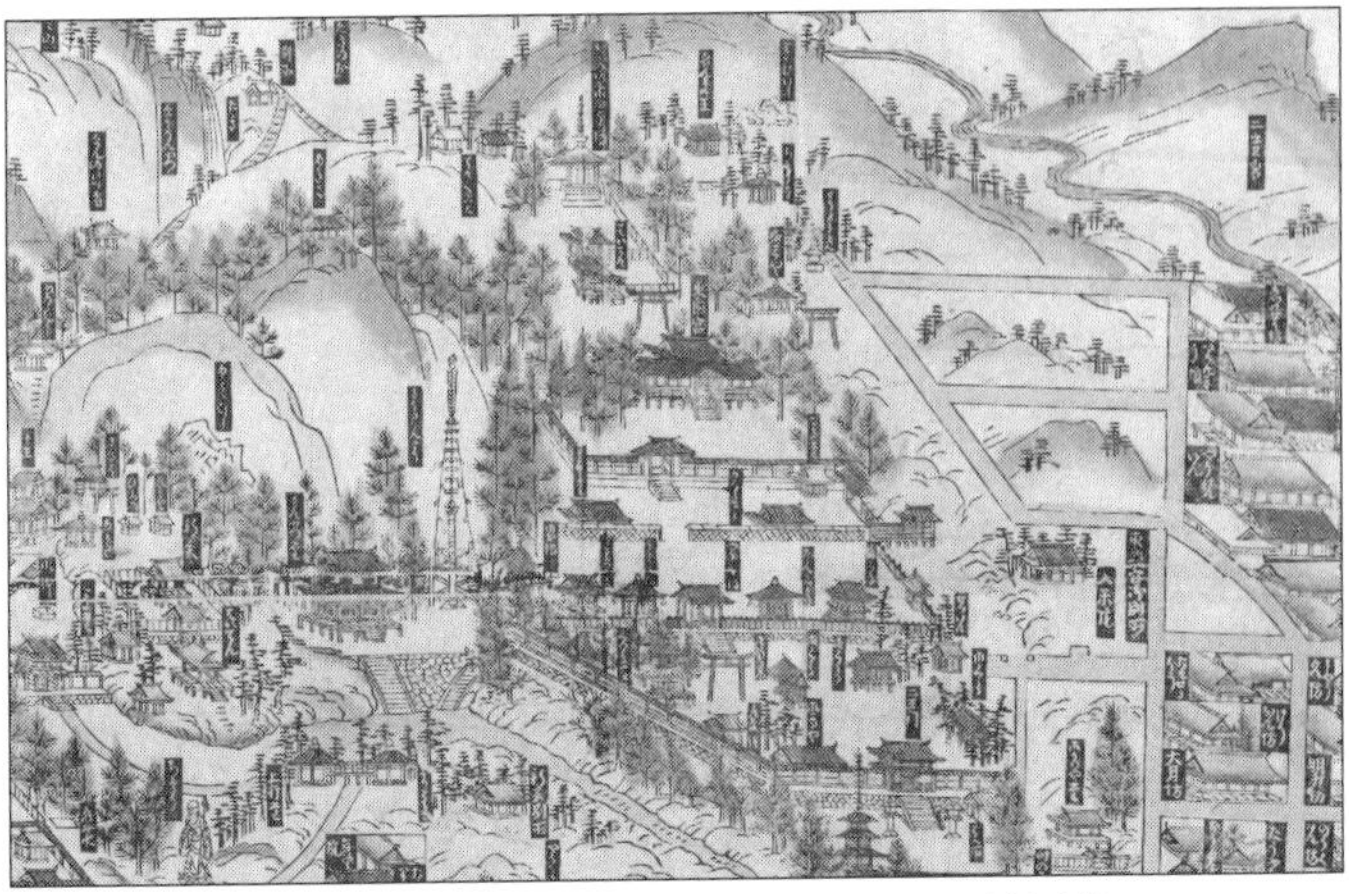

日光に建ち並ぶ社寺（「下野国日光山之図」国会図書館所蔵）

いう思惑を、幕府が抱いていたからだ。

▼神格化を狙った家康の思惑

江戸幕府の支配が250年以上も続いた理由。その一つは、家康が徳川家の安泰を脅かしうる勢力を排除することを、死ぬまで気にかけたからだろう。大坂の陣で豊臣家を滅ぼしたことで、江戸幕府に正面から対抗できる勢力はなくなったものの、九州の島津氏や仙台の伊達氏などの大大名はいまだに健在で幕府の体制は固まってはいなかった。

そんな不安定な情勢の中で、病床にあった家康は側近の以心崇伝《いしんすうでん》に遺言を残した。自身の死後に遺体は久《く》能山《のうざん》に納め、一周忌を過ぎたら日光に移すこと。そうすれば八州の鎮守として幕府を守護する、と。家康の死後、2代将軍秀忠は遺言に従って久能山に家康を葬ると、翌年には戦国末期からは徳川家の支配下にあった日光に造営した社へ改葬。朝廷から「東照大権現《とうしょうだいごんげん》」の神号を賜った。

この背景として、家康の側近たちが神として祀られた豊臣秀吉の前例を意識して家康に進言したと考える研究者もいる。また、江戸時代初期に入国可能だったキリスト教勢力に対し、自身を神格化することで日本が神仏の国であることをアピールする狙いがあったという説もある。

ただし、家康は社を豪華にしろとまでは言っておらず、むしろ小さな社でよいとしていた。社は「東照社《とうしょうしゃ》」と呼ばれ、質素倹約を好んだ家康らしいシンプルな造りだったという。それが現在のような豪華絢爛な神社に変貌したのは、**3代将軍家光が、家康の神格化政策を推し進めた**からだった。

家光は参勤交代の制度化などで諸藩の支配体制を整備する一方、幕府の権威拡大を狙って家康の神格化も進めていた。日光東照宮の大改築もその一環だ。寛永11（1634）年11月から始まった改築工事には全国から名工が招集され、資材や資金が惜しみなく投入された。この一大プロジェクトに投入された人員数は約650万人、総費用は現在の貨幣価値で数千億円にもなったといわれている。工事が終了した寛永13（1636）年は、家康の21回忌に当たる年だった。

正保2（1645）年には東照社から東照宮に改称し、日光山全体で2万石もの社領を与えられる。そして日光は山岳信仰だけでなく、徳川信仰の聖地として政治的な意味を持つようになったのだ。

左は幕府の権威拡大を狙って日光東照宮を改築した３代将軍家光（金山寺所蔵）。右は幕末に新政府軍から逃れて日光東照宮へやってきた土方歳三

▼東照宮が焼かれかけた戦い

幕府が威信をかけて造った東照宮は、幕末や太平洋戦争の戦火にも巻き込まれずに現存している。だが、**幕末に一度だけ焼失の危機を迎えたことがあった。**

明治元（1868）年4月11日、江戸幕府は新政府軍に恭順の意を示し、江戸城を開城した。しかし旧幕軍残党はこの決定を受け入れず、関東・東北で抵抗を継続。そして4月24日、宇都宮方面で敗北した土方歳《ひじかたとし》三《ぞう》を含む2000人の部隊が日光に逃亡したのである。

東照宮はすでに新政府軍に降伏の意思を示していたが、居座る敵軍に業を煮やし、「旧幕軍と縁を切らなければ総攻撃を仕掛ける」と最後通告をしたのである。

これには神官たちも仰天して、旧幕軍を日光から追い出すことを決めた。そして交渉の末に土方らは撤退。徳川のプライドを守ることに固執しなかったことで、日光東照宮は戦火から守られたのである。

◎参考文献・参考ウェブサイト

「究極　日本の聖地」鎌田東二編著（ＫＡＤＯＫＡＷＡ）
「奉納百景　神様にどうしても伝えたい願い」小嶋独観著
（駒草出版）
「出雲国風土記」荻原千鶴訳注（講談社）
「伊勢神宮の謎」高野澄著（祥伝社）
「出雲国風土記と古代遺跡」勝部昭著（山川出版社）
「日本の神社を知る事典」菅田正昭著（日本文芸社）
「禁足地巡礼」吉田悠軌著（扶桑社）
「京の寺　不思議見聞録」佐々木昇著（光村推古書院）
「山と信仰　立山」廣瀬誠／清水厳著（佼成出版）
「山と信仰　恐山」宮本袈裟雄／高松敬吉著（佼成出版）
「仏像めぐりの旅4　京都　洛中・東山」毎日新聞社編
（毎日新聞社）
「日本人と地獄」石田瑞麿著（春秋社）
「日本人の地獄と極楽」五来重著（吉川弘文館）
「四国遍路　八八ヶ所巡礼の歴史と文化」森正人著
（中央公論新社）
「四国遍路と世界の巡礼」四国の遍路と世界の巡礼研究会編
（法藏館）
「日本葬制史」勝田至著（吉川弘文館）
「墓と葬送の社会史」森謙二著（吉川弘文館）
「知識ゼロからの天皇の日本史」山本博文（幻冬舎）
「沖縄の聖地　御嶽」岡谷公二著（平凡社）
「アイヌ学入門」瀬川拓郎著（講談社）
「古代を考える　沖ノ島と古代祭祀」小田富士雄編
（吉川弘文館）
「続 悪霊列伝」永井路子著（ゴマブックス）
「よくわかる曹洞宗」瓜生中著（ＫＡＤＯＫＡＷＡ）
「想いがつのる日本の古典！　妖しい愛の物語」
古典の謎研究会編（青春出版社）
「神隠しと日本人」小松和彦著（角川学芸出版）
「ラーマーヤナ　上」ヴァールミーキ著・阿部知二訳
（グーテンベルク21）
「なぜ八幡神社が日本でいちばん多いのか」島田裕巳著
（幻冬舎）
「妖怪事典」村上健司編（毎日新聞社）
「古寺巡礼　京都14　鞍馬寺」信樂香仁／道浦母都子著
（淡交社）
「鹽竈神社」押木耿介編（学生社）
「日本妖怪ミイラ大全」山口直樹著（学研パブリッシング）

「酒呑童子の首」小松和彦著（せりか書房）
「酒呑童子の誕生」高橋昌明著（中央公論新社）
「鬼の研究」馬場あき子著（筑摩書房）
「「伝説」はなぜ生まれたか」小松和彦著（角川学芸出版）
「オカルト・クロニクル」松閣オルタ著（洋泉社）
「図説　地図とあらすじでわかる！　遠野物語」志村有弘著（青春出版社）
「富士山の謎と奇談」遠藤秀男著（静岡新聞社）
「富士山文化」竹谷靱負著（祥伝社）
「熊野鬼伝説　坂上田村麻呂　英雄譚の誕生」桐村英一郎著（三弥井書店）
「江戸城」村井益男著（中央公論新社）
「図説　平清盛がよくわかる！　厳島神社と平家納経」日下力監修（青春出版社）
「別冊太陽　飛鳥　古代への旅」門脇禎二監修（平凡社）
「悪の歴史　日本編　上」関幸彦著（清水書院）
「奥州藤原氏」高橋崇著（中央公論新社）
「応仁の乱」呉座勇一著（中央公論新社）
「徳川家康の神格化　新たな遺言の発見」野村玄著（平凡社）
「家康研究の最前線」日本史資料研究会監修・平野明夫編（洋泉社）
「平安京のニオイ」安田政彦著（吉川弘文館）
「熊野詣」五来重著（講談社）
「熊野大神」加藤隆久監修（戎光祥出版）
「楠木正成・正行」生駒孝臣著（戎光祥出版）
「人身売買・奴隷・拉致の日本史」渡邊大門著（柏書房）
「白村江の戦い・原稿・秀吉の朝鮮侵攻」豊田泰著（文芸社）
「耳鼻削ぎの日本史」清水克行著（洋泉社）
「隠された十字架」梅原猛著（新潮社）

高野山公式ＨＰ（https://www.koyasan.or.jp/）
法隆寺公式ＨＰ（http://www.horyuji.or.jp/）
熊野古道 熊野本宮観光協会ＨＰ
（https://www.hongu.jp/kumanokodo/）
貴船神社公式ＨＰ（http://kifunejinja.jp/）
さど観光ナビ（https://www.visitsado.com/）
花の窟活性化地域協議会ＨＰ（https://hananoiwaya.com/）

本当は怖い　日本の聖地

2020年7月22日第1刷
2021年1月 5日第2刷

編者　古代ミステリー研究会
制作　オフィステイクオー（執筆協力：高貝誠）
発行人　山田有司
発行所　株式会社　彩図社《さいずしゃ》
〒170-0005
東京都豊島区南大塚3-24-4　MTビル
TEL 03-5985-8213　FAX 03-5985-8224
URL：https://www.saiz.co.jp
Twitter：https://twitter.com/saiz_sha
印刷所　シナノ印刷株式会社

ISBN978-4-8013-0460-4 C0039